KB141147

제우미디어

전 잡코리아 헤드헌터에게 듣는 면접의 정석!

면접질문 Ver.1

초판 1쇄 | 2023년 6월 21일

지은이 | 안미영, 황선길
펴낸이 | 서인석
펴낸곳 | ㈜제우미디어
출판등록 | 제 3-429호
등록일자 | 1992년 8월 17일
주소 | 서울시 마포구 독막로 76-1 한주빌딩 5층
전화 | 02-3142-6845
팩스 | 02-3142-0075
홈페이지 | www.jeumedia.com

ISBN | 979-11-6718-272-2

• 값은 뒤표지에 있습니다.
• 파본은 구입하신 서점에서 교환해 드립니다.

| 만든 사람들 |
출판사업부총괄 | 손대현 **편집장** | 신한길 **책임 편집** | 민유경 **기획팀** | 신은주, 장재경, 안호성, 김성하
영업 | 김금남 **제작** | 김용훈

들어가며

과거에는 면접을 채용과정의 마지막 통과의례 정도로 생각했지만, 최근에는 행정고시 및 사법시험에서조차 최종 면접에서 상당수 지원자가 탈락할 정도로 면접의 중요성이 높아지고 있다. 광역 기초단체 공무원 채용과정에서도 시험에서 130%를 선발하고 최종 면접에서 30%를 탈락시키고 있다.

최근에는 공공기관이나 일부 대기업에서 블라인드 채용을 진행하고 있기 때문에 지원자로서 자신의 차별점을 나타낼 수 있는 채널이 자기소개서와 면접으로 좁아져 있는 상황이다. 취준생들로부터 근무하기 좋은 직장으로 평가받고 있는 공공기관, 대기업 등에는 고스펙의 지원자 쏠림현상이 심화되고 있어 선발기관 입장에서도 좋은 인재를 선발하기 위해 자소서 평가와 면접평가에 비중을 높일 수밖에 없는 상황에 놓여 있다.

본서는 20년 가까이 면접관으로 면접장에서 실제로 활용했던 면접질문과 각 공공기관과 대기업에서 활용되고 있는 면접질문을 골라 면접관의 시각에서 높은 평가를 하게 되는 답변과 낮은 평가를 하게 되는 답변을 제시한 실전형 참고서로 구성되어 있다.

필기전형을 합격하고 최종 면접을 기다리고 있는 지원자나 대학이나 고등학교 졸업을 앞두고 취업에 관심이 있는 독자들이라면 본서에 제시된 질문을 활용해서 면접을 준비해 볼 것을 권한다.

본서를 활용하는 방법은 먼저 본서에 수록된 100여 개의 면접질문 중 자기소개나 지원동기, 입사 후 희망직무, 최근의 IT관련지식, 마케팅 트렌드 등 지원분야와 연관이 있는 질문을 10가지 정도 선정한다. 그 후 친구나 가족의 도움을 받아 그들이 질문을 하고 지원자로서 답변하는 모습을 핸드폰 동영상으로 촬영하여 답변 자세나 내용에 대해 피드백을 받아본다. 그리고 자신 스스로도 평가해보는 과정을 가져보는 것이 효과적이다. 이러한 과정을 통해 면접의 울렁증도 어느 정도 극복해보고 자신만의 비책도 준비해 볼 수 있을 것으로 생각된다.

면접의 속내를 자세히 들여다보면 면접은 마지막 뒤집기가 이루어지는 과정이다. 지원자로서는 알 수 없는 일이지만 말이다. 블라인드면접이 시행되고 있는 공공기관이나 일부 대기업을 제외한 중견, 중소기업의 경우 출신학교, 학점, 외국어 시험 성적, 어학연수 경험 등 소위 취업을 위한 스펙이 낮은 지원자도 최고 수준의 학교를 졸업하고 만점에 가까운 외국어 성적을 갖춘 고스펙의 지원자를 제치고 합격을 하는 경우가 비일비재하기 때문이다. 사실 기업에 필요한 인재를 고르는 일이 꼭 성적순일 수는 없는 일이기에 다른 관점에서 본다면 공평한 결과라고도 볼 수 있다.

필자는 기업의 직원 채용과 경영진 선발을 담당하는 컨설턴트로서, 직장인을 위한 커리어 코치로서, 구직자의 입장에서 혹은 기업 인사담당자의 입장에서 성공하는 면접과 실패하는 면접 사례를 경험했다. 이러한 경험을 이 책을 통해 구직자 여러분과 나누고자 한다. 아무쪼록 이 책이 구직자 여러분에게 꼭 맞는 일터와 인연을 맺는 가교가 되길 진심으로 기원한다.

황선길

Contents

들어가며 ············ 005

PART 1 에세이

01 면접 트렌드 이해하기 ············ 016
02 면접의 종류 ············ 020
03 AI 면접 ············ 025
04 면접관에게 매력 있게 어필하는 자기소개 방법 ············ 029
05 지원동기, 솔직한 자기 고백 VS 화려한 연출 ············ 033
06 면접관, 그들은 누구인가? ············ 037
07 면접에 관한 오해 혹은 진실 ············ 040
08 이력서, 자기소개서 작성법 ············ 043
09 대기업 채용과정 들여다보기 ············ 054
10 기업에서는 이런 사람을 찾는다 ············ 057
11 독특한 면접 방법을 활용하는 기업 ············ 063
12 불안 에너지를 관리하고 감성지능을 높여라 ············ 068

PART 2 면접질문

00 면접 전날부터 퇴실까지 ············ 076

Chapter 1. 개인 신상, 취미, 특기

01 1분 이내로 자기소개를 해 보십시오. ············ 082
02 본인의 장단점은 무엇이라고 생각하나요. ············ 084
03 다른 사람에게 절대로 지지 않을 자신만의 강점이 있나요. ············ 086
04 자기소개서에 적극적 성격이라고 했는데 구체적인 사례를 들어 보세요. ············ 088
05 자신을 한마디로 표현해 보세요. ············ 090
06 무언가에 완전히 몰입해서 성취한 경험이 있나요? ············ 092
07 다른 이를 설득할 수 있는 자신만의 특별한 기술이 있나요? ············ 094
08 타인에게 자신에 대한 믿음을 심어주는 방법이 있나요? ············ 096
09 취미가 무엇입니까? ············ 098
10 평소에 건강관리는 어떻게 하나요? ············ 100
11 뉴스나 인터넷에서 본 최근 이슈 중 가장 인상에 남은 것은? ············ 102
12 여러번 읽은 책이나 본 영화가 있나요? 있다면 그 이유는? ············ 104
13 혹시 인생의 모토로 삼고 있는 글귀가 있나요? ············ 106
14 당신만의 스트레스 해소법이 있나요? ············ 108
Tip. 면접 공포 극복법 ············ 110

Chapter 2. 학창 시절, 사회 경험, 교우 관계

15 전공을 선택하게 된 계기는 무엇인가요? ············ 112
16 대학 졸업 후 공백기간 동안 무엇을 했나요? ············ 114

17 졸업이 늦은 이유는? 학교를 오래 다닌 이유가 무엇인가요? ············ 116
18 교환학생과 워킹홀리데이 경험이 있는데 그 과정에서 무엇을 배웠습니까? ············ 118
19 대외 활동으로 무엇을 했고 특별히 배운 점이 있나요? ············ 120
20 학창시절 성적이 좋지 않은 과목과 그 이유는 무엇인가요? ············ 122
21 대학 시절 가장 우선시했던 것은 무엇입니까? ············ 124
22 어릴 때나 최근에 창의력을 발휘했던 경험이 있습니까? ············ 126
23 학창시절에 겪은 가장 기억에 남는(후회했던 또는 뿌듯했던) 일에 관해 설명해 보세요. ············ 128
24 달성하기 어렵다고 생각했던 목표를 달성한 경험이 있나요? ············ 130
25 아르바이트를 한 경험이 있나요? ············ 132
26 고민이 있을 때 주로 누구와 상의하는 편인가요? ············ 134
27 사람들과 함께 있을 때 당신은 주로 어떤 역할을 하나요? ············ 136
28 주위 사람들은 당신을 어떤 사람이라고 얘기하나요? ············ 138
29 학창시절에 몰입했던 것은 무엇입니까? ············ 140
30 대인관계에서 가장 중요하게 생각하는 것은 무엇인가요? ············ 142
31 살아오면서 가장 기뻤던 일과 슬펐던 일은 무엇이었나요? ············ 144
32 마음이 맞지 않는 친구와 발표나 과제 준비를 한 적이 있는지? 그때 대처 방법은? ············ 146
33 살아오면서 모욕적인 일을 당한 적이 있는지? 그 대처는? ············ 148
34 가장 잘했던 결정 또는 가장 실패한 결정에 대해 말해 보세요. ············ 150
35 좋아하는 인간형과 싫어하는 인간형에 대해 말해 주세요. ············ 152
36 취업을 제외하고, 현재 최대의 관심사는 무엇인가요? ············ 154
37 20대에 꼭 한번 해보고 싶은 일이 있나요? ············ 156
Tip. '마지막으로 할 말 있으면 하라~'는 대목에서 해야 할 말과 하지 말아야 할 말 ············ 158

Chapter 3. 좌우명, 장래 포부

38 자신의 비전은 무엇입니까? ············ 161

39 자신에게 가장 큰 영향을 준 사람이나 존경하는 인물에 대해 말해 보세요. ············ 163

40 인생에서 가장 가치 있다고 생각하는 것은 무엇입니까? 또 그 이유는? ············ 166

41 자신의 미래의 모습은 어떨 것이라고 생각합니까? ············ 168

42 살면서 가장 힘들었던 때는 언제입니까? 어떻게 극복하셨나요? ············ 170

43 인생에 큰 변화의 계기가 될 만한 일이 있었나요? 그 영향은? ············ 172

44 입사 이후에 가장 먼저 하고 싶은 일은 무엇인가요? ············ 174

45 본인의 가치관과 현실의 문제가 서로 충돌한다면 어떻게 하겠습니까? ············ 176

46 올 한해 바꾸고 싶은 점과 그것을 위해 어떤 노력을 할 것인지? ············ 178

47 살아오면서 실수한 일이 있다면 무엇이고, 어떻게 대처했습니까? ············ 180

48 살면서 자신이 타인에게 큰 도움을 준 적이 있나요? ············ 182

49 경영자가 된다면 회사를 어떻게 이끌어 보고 싶은가요? ············ 184

50 입사 결정 후 3개월이 주어진다면 가장 하고 싶은 일은 무엇인가요? ············ 186

Tip. 면접에 관한 Q&A ············ 188

Chapter 4. 지원동기, 직업관, 면접

51 우리 회사에 지원한 이유가 무엇입니까? ············ 191

52 회사에 대해 얼마나 알고 있습니까? ············ 193

53 지원한 분야가 본인에게 어울린다고 생각한 이유가 있습니까? ············ 195

54 지원하려는 분야가 어떤 일을 하는지 아십니까? ············ 197

55 왜 우리가 당신을 뽑아야 합니까? ············ 199

56 이 일의 긍정적인 면과 부정적인 면 두 가지 관점에서 각각 설명해주세요. ············ 201

57 우리 회사 홈페이지를 보고 좋았던 점과 안 좋았던 점에 대해 각각 말해 보세요. ············ 204

58 우리 회사에 입사하기 위해 개인적으로 노력한 점이 있다면? ············ 206

59 다른 회사에도 지원했나요? 다른 회사는 전형이 어디까지 진행되었나요? 왜 떨어졌다고 생각하나요? ············ 208

60 자신이 생각하는 좋은 직장이란 어떤 직장인가요? ············ 210

61 당신이 면접관이라면 어떤 것을 중심으로 평가하겠습니까? ············ 212

62 직종을 선택하는데 중요하다고 생각하는 것이 무엇인가요? ············ 214

63 취업 준비를 하면서 가장 부족하다고 생각하는 것이 무엇인가요? ············ 216

64 평소 그리는 이상적인 상사는 어떤 사람인가요? ············ 218

Tip. 면접도 장비(裝備) 빨이다 ············ 220

Chapter 5. 직장생활, 업무 능력

65 회사생활을 하면서 병행할 자기계발 방안이 있나요? ············ 224

66 자신의 경력으로 업무에 어떤 도움을 줄 수 있습니까? ············ 226

67 이 업무를 하는데 가장 걱정되는 부분은 무엇입니까? ············ 228

68 당신이 우리 회사로 가져올 수 있는 최고의 자산은 무엇이라고 생각하십니까? ············ 230

69 자신만의 특성을 일과 어떻게 접목시킬 수 있다고 생각하나요? ············ 232

70 실제 행하는 업무가 자신이 생각했던 것과 차이가 난다면 어떻게 하겠습니까? ············ 234

71 만약 원하는 부서에 배치받지 못하면 어떻게 하겠습니까? ············ 236

72 단체 활동에서 의견 충돌이 일어날 경우 어떻게 하겠습니까? (팀 프로젝트에서 동료가 비협조적이라면) ············ 238

73 우리 회사의 경쟁사가 어디라고 생각하나요? ············ 240

74 일에 있어서 슬럼프가 생기면 어떻게 극복하실 건가요? ············ 242

75 상사와의 갈등이 있을 경우 어떻게 하겠습니까? ············ 244
76 동료가 당신에게 무능력하다고 비난하면 어떻게 하겠습니까? ············ 246
77 상사가 부당한 일을 시킨다면 어떻게 하겠습니까?
(상사가 시간 외 근무를 지시한다면) ············ 248
78 상품(서비스)에 대해 불평하는 고객에게 어떻게 대처하겠습니까? ············ 250
79 상사가 비효율적인 방법으로 일을 하라고 하면 어떻게 하시겠습니까? ············ 252
80 자신이 노력한 것보다 낮은 평가가 나왔을 때 어떻게 하시겠어요? ············ 254
81 본인의 업무 스타일은 어떤 유형인가요? ············ 256
82 자신의 업무와 다른 업무를 요청받으면 어떤 기준과 순서로
처리하겠습니까? ············ 258
83 우리 회사 홈페이지를 사람들에게 알리려면 어떻게 해야 할까요? ············ 260
84 자신이 서비스 정신이 있다고 생각합니까? ············ 262
85 직장에서 단순한 반복 업무만을 하게 된다면 할 수 있나요? ············ 264
86 신입사원으로서 마음가짐이 어떠해야 한다고 생각하나요? ············ 266
87 개인과 조직의 목표가 부합하지 않는다면 어떻게 하겠습니까? ············ 268

마무리하며 ············ 270

면접질문 Ver.1

면접에 대비하는 마음가짐부터 시작해서 스펙 관리하는 방법, 이력서, 자기소개서 쓰는 법, 과거와는 다른 현재의 면접 경향 분석과 완벽 대비 방법, 면접관에게 매력있게 어필하는 자기소개 방법 등 성공적인 면접을 위한 취업 전략과 면접 노하우를 담았다.

면접 트렌드 이해하기

합격하는 면접을 하기 위해서는 최근에 시행되고 있는 면접 트렌드를 이해하는 것이 중요하다. 학교를 졸업하고 군 복무를 하고 왔거나 해외 어학연수, 워킹홀리데이, 코이카 해외 봉사 등을 장기간 다녀온 경우 더욱더 변화된 면접 트렌드를 이해하고 그에 맞춰 면접을 준비해야 한다.

최근의 면접 트렌드는 AI면접 시행 기업 증가, 블라인드면접 시행 기업 증가, 면접의 구조화 및 역량 위주의 면접 시행, 인적성 검사의 강화, 회화 위주의 영어 평가 강화, 다단계 심층 면접 시행 등으로 정리해볼 수 있다. 지피지기면 백전백승이라는 말이 있는 것처럼 지원자가 면접을 앞두고 지원하는 기업을 이해하고, 기업에서 최근에 시행되는 면접의 트렌드를 이해하는 것은 성공적인 면접을 위해 다른 무엇보다 중요하다고 할 수 있다. 최근의 면접 트렌드에 대해 좀 더 자세히 알아보자. AI면접은 별도의 장에서 설명하기로 한다.

1. 블라인드면접 시행 기업 증가

공공기관은 국가나 지방공기업 관계없이 모든 기업이 블라인드면접을 시행하고 있다. 지원서 제출과정에서도 사진, 출신학교, 출신 지역, 성별, 나이 등의 입력 항목을 없애거나 평가자들에게 해당 정보가 노출되지 않도록 조치를 한다. 그리고 면접 과정에서는 자신의 인적사항, 출신학교, 성적, 출신 지역, 나이, 보유 자격증 등을 언급하지 않도록 사전에 교육하고 있으며 자칫 실수로 언급할 경우 경고를 받거나 감점을 받을 수 있다. 명문 학교 출신의 고스펙을 가진 지원자가 상대적으로 피해를 볼 수 있다는 불만의 목소리도 있기도 하고, 평가자의 입장에서는 지원자에 대한 정보가 상당히 제한적으로 제공된 상태에서 면접을 하기 때문에 깜깜이 면접이 아니냐는 문제가 제기되고 있다. 하지만 채용 청탁이 근절되고 부정한 채용이 감소하는 긍정적인 효과가 있다. 학교 성적도 중요하지만, 현장에서의 실무능력이 우수한 인재가 선발되는 효과가 증명되었다고 보기 때문에 선입견을 배제한 상태에서 다양한 인재를 채용하기 위해 블라인드면접을 시행하는 기업이 증가하고 있다. 다만 최근 국가 과학기술 자문 회의에서 블라인드 채용이 해당 지원자의 연구성과마저 판단하지 못하게 함으로써 채용 공정성이 오히려 더 훼손된다는 이유로 과학기술 발전을 가로막는 규제로 판단했다. 그 후 공공 연구기관에서 블라인드 채용을 전면 폐지할 것을 지시했는데 현재는 각 기관의 상황에 맞게 적절하게 적용하고 있는 것으로 파악되고 있다.

2. 면접의 구조화 및 역량 위주의 면접 시행

훈련받지 못한 면접관의 문제와 인간이 어쩔 수 없이 갖게 되는 평가오류에 의해 잘못된 채용이 이뤄지는 것을 사전에 차단하기 위해 면접을 구조화하는 기업이 증가하고 있다. 이는 면접관 개인의 선호 또는 편견에 의해 잘못된 평가가 이뤄지는 것을 사전에 차단하고 동일 직렬의 지원자가 많아 직렬이 같음에도 불구하고 다른 평가자에게 평가를 받게 되는 경우 평가 결과의 편차를 줄일 수 있다는 장점이 있다. 면접관은 STAR기법, 또는 5W1H방법으로 꼬리질문을 하게 되는 게 일반적인데 STAR기법은 S, T, A, R 순으로 질문을 하게 되며 이러한 질문으로 지원자의 역량을 상세히 분석해 보는 역량면접을 시행하는 기업이 증가하고 있다.

Situation 특정상황

언제, 어떤 상황인가?

ex 대학생 시절 과제가 많은 수업을 듣고 있을 때

Task 과제나 이슈

이 상황에서 내가 해결해야 할 문제는?

ex 집안 사정이 안좋아져서 아르바이트를 하며 수업을 들어야 했음

Action 해결을 위한 노력

어떤 행동을 했는가?

ex 동기들과 파트를 나누어 시험 문제를 내고 그것을 바탕으로 시험 공부를 함

Result 결과

결과를 통해 무엇을 느꼈는가?

ex 좋은 성적을 받을 수 있었고 동기들과 서로 도우며 과제를 해서 더욱 끈끈해짐

3. 인적성 검사의 강화

과거에는 대가족인 가정에서 조직 생활에 적응하는 방법과 개인을 희생하는 자세에 대해 자연스럽게 교육을 받기 때문에 조직 문화를 만들어 가는데 어려움이 덜했다고 볼 수 있다. 그러나 최근에는 과거와 다르게 형제가 많지 않고, 가정에서도 자녀 위주로 생활하는 것이 일반적이다 보니 대다수의 지원자가

지극히 개인적인 성향을 띠는 경향이 있다고 볼 수 있다. 또한, 학교에서도 선후배 간에 인간적인 교류를 할 시간적인 여유도 없이 입시 위주로 학창시절을 보내기 때문에 개인주의적인 성향은 더욱 심해지고 있다. 이처럼 대학을 졸업한 신입사원의 성향이 대부분 개인주의로 흐르는 경향이 있기 때문에 기업에서는 조직적응력, 책임감, 판단력이 높은 지원자를 선발하기 위해 인적성 검사를 강화하고 있다.

4. 회화 위주의 영어 평가 강화

과거에는 토익이나 토플 점수를 근거로 외국어 능력을 평가하는 것이 일반적이었지만, 시험 위주로 공부하여 고득점을 받은 지원자의 영어 능력이 실무에 효과가 없다. 따라서 어학 점수는 낮지만 성격적인 이유로 또는 경험적인 이유로 실제 외국인과의 대화를 자연스럽게 이끄는 지원자가 기업 입장에서는 더 선호되기 때문에 OPIC, 토익스피킹 등의 회화 위주의 영어 평가를 실시하는 것으로 변화하고 있으며, 외국인이 직접 진행하는 영어면접을 시행하는 기업도 증가하고 있다.

5. 다단계 심층 면접 시행 기업 증가

다단계 심층 면접을 진행하는 기업으로는 우리은행이 대표적이다. 우리은행의 신입사원 면접방법은 특허까지 취득했을 정도로 독특하고 정교하다고 알려져 있다. 합숙면접으로 진행되는 면접은 60명의 면접관이 20개 조로 나뉜 지원자를 15단계에 걸쳐 심층 면접을 한다. 3분 스피치 형식의 자기소개, 금융, 경제, 사회 현안에 대한 관심도 평가 및 영어 퀴즈, 집단토론, 개인 역량 평가를 위한 프레젠테이션, 금융 상품 판매를 시연하는 롤플레잉 게임을 통한 세일즈 스킬 평가, 유머면접 등 다양한 프로그램을 거치면서 최적의 인재를 최종 선발하게 되는 다단계 심층 면접 사례다.

면접의 종류

1. 화상면접

과거에는 대기업 등에서 외국에 있는 연구원이나 외국인 직원을 채용하는 경우에 일부 화상 면접을 진행하는 경우가 있었으나 그리 빈번하게 이루어지진 않았다. 그러나 코로나 펜데믹 발생 이후로 화상 면접이 일반화되었으며, 이후로는 일반적인 면접 방법의 하나로 상시 운용될 것으로 판단된다. 공공기관이나 대기업의 경우 지원자가 코로나에 감염된 경우 별도의 장소에서 화상 면접을 시행할 수 있도록 준비를 해놓고 있으며 일반 지원자의 면접이 모두 종료된 후 면접관들이 화상 면접을 할 수 있는 장소로 이동해서 면접을 진행하는 것이 일반적이다. 지원자의 면접 장소가 준비된 경우에는 상관이 없으나 지원자의 집이나 스터디룸 등에서 개별적으로 진행하게 될 경우 블루투스 마이크보다는 유선 마이크를 사용할 것을 권하며 주위의 소음 등이 발생할 소지 등을 사전에 점검하는 것이 중요하다. 또 배경 화면을 사용하게 되는 경우 화면 상태가 고르지 않아서 불편을 초래할 위험도 있음을 유의해야 한다.

2. 단독면접

주로 경력직을 수시 채용하는 외국계 기업이나 국내 벤처기업 및 중소기업에서 주로 이용하는 면접 방법이다. 인사담당자 면접, 현업실무담당자 면접을 거쳐 팀장 면접, 임원면접 순으로 진행하게 되며 1:1 심층 면접으로 진행한다. 과거에는 면접관이 엄숙하고 고압적인 자세로 질문하고, 긴장된 지원자는 답변하느라 쩔쩔매는 모습이 연상되는 것이 면접장의 모습이었다. 그러나 요즘에는 지원자가 긴장하지 않고, 자신이 가지고 있는 역량을 충분히 표현할 수 있도록 면접장 분위기를 편안하게 만드는 것이 면접관의 역할로 변화해 가고 있다. 국내 기업은 팀장직급이 실무능력을 검증하는 1차 면접을 진행하고, 2차로 인성 및 적성 위주로 진행하는 임원면접이 상례로 되어있다. 구글의 경우에는 동료 사원부터 최고경영진까지 14차례 면접을 하는 것으로 알려져 있고, 마이크로소프트나 P&G 등 외국계 기업의 경우 무려 7~8차례 정도의 1:1 심층 면접을 진행한다. 한 단계에서 불합격 평점을 받으면 다음 단계로 진행할 수 없는데, 이는 기업이 역량이 있는 핵심인재만을 선별적으로 채용하겠다는 의지라고 보면 된다.

3. 개인면접(다대일 면접)

지원자 1명에 대해 다수의 면접관이 면접을 진행하는 방법이다. 다수의 면접관을 상대해야 하는 지원자로서는 다른 면접 방법보다 어려움을 느낄 수 있는 면접 방법이다. 면접관 각자 다른 평가 요소를 중심으로 질문하고 평가하는 것이 일반적이다. 면접 시간은 1인당 10분에서 15분 정도 진행하는 것이 일반적이다. 과거에는 일부 기업에서 압박 면접을 시행하기도 했지만, 지원자를 압박하는 상황에서 보고자 하는 지원자의 역량이 명확하지 않고, 지나친 압박은 능력 있는 지원자의 감정선을 자극해서 지원자의 지원 의지를 꺾을 수도 있다는 점에서 지양하고 있다. 지원자가 가급적 편안한 상태에서 자신의 가치관과 자신이 보유한 역량을 충분히 이야기할 수 있는 분위기를 만들어주는 것이 요즘 면접장의 모습이다.

4. 패널면접(다대다 면접)

다수의 지원자와 다수의 면접관이 대화를 나누는 면접 방법이다. 중견기업 혹은 대기업 공개채용 등 일정규모 이상의 인원을 채용하는 경우 사용하는 면접 방법이다. 면접 시간을 절약할 수 있어 많은 기업에서 활용되고 있으나 다소 산만한 진행이 될 수 있다. 평가 요소의 변별력이 떨어질 가능성이 있는 면접 방법이기도 하다. 면접 과정에서 자신이 질문을 받았을 경우에는 전체 면접관에게 답하는 듯한 느낌으로 답변을 하는 것이 좋다. 또, 다른 사람이 답변을 할 때도 그 대화에 참석한 것처럼 경청하는 자세가 중요하다.

5. 집단토론면접

집단토론면접은 공기업 및 대기업 공채에 주로 사용되는 면접 방법의 하나다. 한 가지 주제에 대해 8명 내외의 지원자가 토론하는 과정을 면접관이 지켜보며 지원자를 평가하는 방법이다. 직군에 따라 다른 주제가 주어지는 것이 일반적이다. 선배 사원이 함께 대화에 참여하거나 면접관이 사회자로 참여하는 경우도 있다. 질문은 찬반을 묻는 형태와 다양한 의견을 개진할 수 있는 질문이 활용되며, 찬반을 묻는 질문의 경우 팀을 나눠 진행하기도 한다. 집단토론은 토론 주제에 대해 검토하는 시간 10분, 토론시간 30분, 전체 40분 정도로 진행되는 것이 일반적이다. 토론은 본인의 논리를 강하게 피력해서 상대를 제압하는 데 그 목적이 있지 않다. 대화 참여자의 의견을 최대한 존중하며, 다양한 의견을 인정하는 토론 자세가 중요하다는 것을 잊지 말아야 한다.

6. 프레젠테이션(PT)면접

직무 분야별로 자신의 전문 분야에 관련된 주제를 선정하여 발표하게 함으로써 지원자의 보유지식과 표현능력, 가치관, 분석능력, 논리전개방법 등을 검토해 보는 면접 방법이다. 기업에 따라 외국어로 진행하는 기업도 있다. 일반적으로 5가지 정도의 주제가 주어지는데 그중에서 자신이 가장 자신이 있는 주제를 선정해서 발표하는 방식이다. 지원자가 PC로 발표자료를 작성하는 경우도 있고, 전지 크기의 종이에 매직펜으로 발표자료를 직접 작성하는 경우도 있다. 프레젠테이션(PT)면접 시간은 자료작성 30분, 발표 5분~10분 내외, 면접관과의 질의응답 10분 정도 진행하는 것이 일반적이다.

7. 업무 시뮬레이션면접

업무 시뮬레이션 면접은 지원자가 입사 후 업무 현장에서 실제로 담당할 업무나 특정 상황을 연출해서 제시한 후 지원자의 태도나 행동을 관찰해 보고 지원자와 기업의 현실적인 적합성 여부를 평가해 보는 면접 방식이다. 대개 업무 내용 중 지원자가 기피할 만한 최악의 시나리오를 제공하는 경우가 많다.

8. 전화면접

주로 외국계 기업에서 경력사원을 채용할 때 혹은 중소기업에서 수시 채용 시 서류전형을 통과한 지원자를 대상으로 전화면접을 시행하게 된다. 신입 지원자들의 경우 경험 부족으로 인해 회사의 일반 직원이 전형 결과를 알려주기 위해 통례적으로 전화를 한 것으로 오해하고 준비되지 않은 답변을 하는 경우가 있다. 그런 경우 결국 전화면접에서 좋지 않은 평가를 받게 된다. 그러므로 지원한 기업에서 전화가 왔을 경우에는 실제 면접과 마찬가지로 성의 있는 답변 자세를 갖추는 것이 필요하다.

최근에는 정형화된 면접에서 탈피해서 자사만의 독특한 면접 방식을 사용하는 기업이 늘고 있다. 술자리 면접, 노래방 면접, 등산 면접, 체육대회 면접, 파티식 면접, 요리 면접, 합숙 여행 면접 등 다양한 이색 면접 등이 등장하고 있다. 외국 기업의 경우 재미있는 일터를 만들자는 취지의 면접 방법으로 트렁크 차림의 면접을 진행하는 기업도 있다. 면접 방식과 형태는 다르더라도 면접의 근본 취지는 기업이 필요로 하는, 기업에 적합한 인재를 선별해 내고자 하는 방법임을 잊지 말고 긍정적인 마음으로 적극적으로 참여할 것을 당부한다.

AI 면접

최근의 면접 트렌드로 AI면접을 빼놓을 수 없다. AI면접은 면접의 한 종류이기도 하지만 별도의 챕터로 구성한 것은 최근 대기업이나 공공기관을 중심으로 AI면접을 활용하는 추세가 늘어나고 있기 때문이기도 하고 좀 더 상세하게 설명할 필요성이 있기도 해서 개정판에 추가를 하게 되었다.

AI면접이 면접 전형의 일부이기도 하지만 AI면접만을 이용해 합격자를 결정하는 기업은 없다. AI면접은 현재 서류전형과 인적성검사 중간 과정에서 지원자를 걸러내는 용도로 활용되기도 하고, 서류전형 후 실무진 면접 전에 AI면접전형을 실시하기도 한다.

AI면접 솔루션을 제공하는 기업에서는 인간의 편견을 뛰어넘는 AI만이 볼 수 있는 시각으로 지원자의 역량을 검증할 수 있다고 홍보하고 있긴 하지만 기업에서 현재 활용되고 있는 수준은 면접관의 면접 보조자료 정도의 수준으로 활용되고 있는 것이 현실이다.

서류전형이 끝난 후 합격자를 대상으로 기업에서 AI면접이 있다는 통보가 가게 된다. 대부분 핸드폰 문자메시지로 이뤄지는 것이 일반적이다. AI면접의 응시 기간은 일반적으로 5일~7일 정도 주어지며, 응시시간은 60분 내외로 치러진다. AI면접이 시작되기 전에 웹캠이 연결된 노트북/PC, 이어폰을 준비해 달라고 안내가 된다. 면접 장소는 주위의 소음 등에서 자유로울 수 있는 스터디룸이나 본인의 방에시 진행을 하는 것이 일반적인데 스터디룸은 배경이 문제될 소지가 없지만, 자신의 방에서 진행을 하는 경우 옷걸이, 브로마이드, 기타 장식품 등 화면에 보이게 되면 난잡해 보일 수 있다는 점을 고려해야 한다. 화상면접 기능에 뒷 배경 설정을 하는 기능이 있긴 하지만 이 경우 지원자의 모습이 명확하지 않게 되는 위험성이 있다. 그리고 블루투스 이어폰을 사용할 경우 하울링 현상이 발생할 수 있으므로 유선 이어폰을 사용할 것을 권한다.

AI면접은 기본질문, 성향검사, 상황질문에 대한 답변, 역량 분석 게임, 심층 구조화 질문으로 구성되어 있다. 기본질문과 상황질문, 심층 구조화 질문은 AI가 질문하고 지원자가 답변하는 방식으로 진행된다. 성향검사는 자기 보고식으로 진행되며 응답시간이 제한이 있고 응답을 수정할 수 없도록 설계되어 있다. 역량 분석 게임은 실제 게임을 하는 것인데 게임의 결과가 중요한 것이 아니라 게임을 풀어가는 과정에서의 개인의 성향이 더 중요한 점검 포인트이다.

AI면접 질의응답 과정에서는 시각분석기술, 음성분석기술, 언어분석기술, 맥박분석기술이 활용되며, 시각분석기술로는 얼굴 인식 및 움직임 분석을 통해 표정 및 주요 감정을 분석한다. 음성분석기술로는 음성의 톤, 크기, 휴지, 음색 등 음성 변화량을 실시간으로 분석한다. 언어분석기술로는 지원자의 답변 중 키워드를 추출하고 긍정적, 부정적 단어 등 감정 어휘를 분석한다. 맥박분석기술로는 안면 온도 변화를 분석하는 과정에서 거짓말이나 과장, 속임수

등을 실시간 측정하는 것으로 알려져 있다.

역량 분석 게임을 통해서는 지원자의 반응시간, 의사결정 패턴, 속도, 결과를 수집하여 지원자의 성과를 예측하고 통합역량을 분석한 데이터를 면접관에게 제공한다. 게임을 잘해야 점수가 좋은 평가를 받는 것은 아니고 개인의 성향이 더 중요한 측정 기준이 된다. 게임의 목적은 지원자의 무의식 속에 있는 의사결정 패턴과 집중력 변화 패턴을 보는 데 있다. 게임의 종류로는 색과 단어의 일치 여부를 판단하는 게임 등 6가지 게임이 진행된다.

AI면접 결과는 1차면접, 2차면접 과정에 면접관에게 제공되며 면접관은 사전에 지원자가 AI와 주고받은 기본질문, 성향검사, 상황질문 결과를 검토하고 역량 분석 게임 결과, 종합 역량 점수, 직군, 직무 적합도, 고성과 예측점수, 응답 신뢰도, 세부 역량별 점수, 동일전형 내 응시자 평균 비교, 면접질문 가이드 등의 형태로 제공되어 면접관이 면접을 진행하는 데 활용된다.

AI면접의 경우 실제 기업현장에서 치러지는 면접이 아니기 때문에 편한 복장을 하는 경우도 있겠지만 공공기관이나 대기업 면접의 경우에는 아무래도 정장을 하는 것이 무난할 것으로 판단된다.

AI면접에 자주 나오는 질문은 기본질문의 경우 자기소개와 자신의 장점 혹은 단점에 대한 질문 등 아주 캐쥬얼한 질문을 하는 것이 일반적이다. 상황질문은 예를 들어 '한 시간 동안 줄을 서서 힘든 상황인데 노인이 새치기를 한다면 어떻게 하겠는가?'와 같은 질문이 주어지며, 지원자에 대한 탐색 질문으로는 '당신은 긍정적인 사람인가요?, 당신은 사회에 비판적인 시각을 가진 사람인가요?' 등과 같은 질문을 한다. 경험 및 상황에 대한 심층 구조화 질문으로는 '더 좋은 성과를 만들어 내기 위해 가장 중요한 것이 무엇이라고 생각하시나요?' 와 같은 질문이 주어진다.

AI면접의 경우 응시 기간이 여유 있게 주어지는데 혹 여유를 부리다가 마지막 날에 참여를 하게 되는 경우 지원자가 몰리거나 인터넷 환경에 따라 렉이 걸릴 수 있는 위험성이 있다. 늦어도 마감일 하루 전에는 여유롭게 면접에 참여할 것을 권한다.

면접관에게 매력 있게 어필하는 자기소개 방법

면접에 참석하는 많은 지원자들이 짧은 시간 안에 자신의 장점을 부각시키거나 좋은 인상을 남겨야 한다는 부담감 때문에 면접 시작부터 얼굴이 화끈 달아오르고, 면접 내내 당황해서 면접을 망치는 경우를 자주 보게 된다.

명문대학교를 졸업하고, 학점은 4.2, 토익은 거의 만점에 가깝고, 해외 어학연수 경험, 자격증, 인턴 경험, 사회봉사 경험, 교환학생 경험 등 모든 요건을 갖춘 지원자가 면접장에 들어서면 그만한 스펙을 쌓게 만든 삶의 동력이라든가 현재의 가치관을 갖게 된 공감되는 지원동기 등을 기대하게 되는데 학교, 집, 도서관, 교회에서의 교사 활동 같은 지극히 평범한 자기소개를 듣다 보면 안타까움과 함께 탄산 빠진 콜라를 마신 느낌이 들게 된다.

자기소개, 정말 쉽지 않다. 그것도 30초 길어야 1분 이내에 해야 하는 자기소개는 언제 어떤 자리에서 해도 부담스럽다. 어떻게 하면 면접관이 고개를 들어 얼굴을 다시 보게 하는 자기소개를 할 수 있을까? 면접관에게 매력 있게 어필하는 자기소개 방법과 하지 말아야 할 행동을 함께 생각해보자.

1) 자신의 이름으로 삼행시를 짓는 방법은 이제 그만하자.

자기소개를 해주시기 바랍니다. 1분간 경력 중심으로 자기소개를 해주시기 바랍니다. 면접장에서 일반적으로 가장 먼저 듣게 되는 질문이다. 면접관으로 면접에 참석해서 자기소개를 요청하고 소개하는 내용을 들어보면, 사전에 준비를 철저히 한 지원자는 자신의 이름으로 삼행시를 지어 자기소개를 하거나 자신을 꽃이나 동물에 비유해서 소개를 하기도 하고, 좌우명이나 사자성어를 이용해서 자신을 소개하거나, 손가락 다섯 개의 각각의 의미를 이용해서 자신을 소개하기도 한다. 이런 방식으로 자기소개를 시작하게 되면 면접관은 또 삼행시인가?라고 식상하다는 생각이 드는 데 반해, 지원자는 준비한 내용을 자신 있게 이야기했다는 생각이 들어서 그런지 꽤 당당하고 만족한 표정을 짓는 아이러니한 상황이 연출되곤 한다. 이름을 기억하게 하는 것은 자신의 좋은 자질이나 느낌이지 이름으로 풀어쓴 삼행시로 인해 기억되는 것은 절대 아니라는 점을 기억하기 바란다.

2) 나의 지난 삶 중에서 혹은 가족이나 주변 사람들의 삶 속에서 감동적인 스토리를 기억해보자. 그리고 기업과 자신이 지원한 직무에 그 감동적인 스토리를 연관 지어보자.

유재석과 조세호가 진행하는 '유퀴즈 온 더 블럭' 프로그램을 보게 되면 특별히 대단한 스타가 나오지 않더라도 프로그램에 빠져들게 된다. 더러는 학교폭력에 시달려 힘든 시절을 보낸 경험을 이야기하기도 하고, 무명 배우 시절의 배고픔과 서러움을 이야기하기도 하고, 고인의 마지막을 함께 하는 장례지도사가 나와 자신의 남편의 마지막 수의를 입혔던 이야기에 빠져들어 함께 눈시울을 붉히기도 한다. 출연자의 인지도와 관계없이 그들이 전하는 이야기의 울림이 있고 없고의 차이다. 시청자들의 가슴에 전해지는 감동 말이다. 바로 그 감동을 줄 수 있으면 최상의 자기소개다. 자기소개를 마쳤는데 면접관이 그래서 뭘 이라는 표정이면 곤란하다. 아, 그래서 지원했구나라고 긍정적인 표정이 되어야 한다.

감동을 주기에는 1분은 너무 짧지 않은가? 물론 짧다. 무언가 전달하기에는 짧은 시간이다. 하지만 15초짜리 TV CF가 상당한 전달력이 있는 것을 보면, 1분 정도면 그래도 뭔가 전해볼 수 있는 시간이라고도 생각이 될 것이다.

자신이 살아온 삶 중에서 가장 메시지가 있다고 생각되는 사례, 계기, 사건 등을 기억해보자. 자신이 아니라면 부모님, 형제 이야기, 아니면 주변 사람들의 이야기라도 좋다. 그리고 그 내용을 30초 분량으로 압축하고, 나머지 30초 안에 자신이 왜 이 회사를 지원하게 되었는지 그 이유와 연결해보자. 물론, 요즘 젊은이들은 평범한 가정에서 태어나 과보호에 가까운 가정환경에서 자라고, 학교, 학원, 집을 왕복하는 생활을 한 평범한 사람들이 대부분이기 때문에 면접관에게 감동을 줄 수 있는 스토리를 만들어 내는 것 자체가 어렵다는 것을 잘 알고 있다. 감동을 주라는 과장된 용어를 사용한 것은 자신이 지나온 과거 중에서 가장 의미있고, 설득력 있는 이야기를 찾아내라는 의미로 해석하면 될 것이다.

3) 면접을 하게 되는 기업에 대해 상세한 정보를 수집하고, 그 기업과 지원한 업무에 자신이 어떻게 적합한 인재인지를 증명해 보이자.

자기소개는 그때그때 달라야 한다. 한 가지 내용을 만들어놓고 어디를 가서든 똑같은 내용을 두 번, 세 번 반복해서는 안 된다. 건설사 면접에서 자기소개를 할 때와 방송사 면접에서 자기소개를 할 때 달라야 하고, 해외 영업 부문에 지원했을 때와 기획 부문에 지원했을 때도 달라야 한다. 신입사원의 자기소개는 경력사원의 자기소개와 달라야 한다. 또, 자신의 상황이나 기업에서 제시한 자격요건 등에 따라 달라야 한다.

건설회사의 면접 장면을 생각해보자. A 지원자는 대학에서 건축학을 전공하고 외국 대학원에서 건축과 관련된 전공을 마치고 지원하게 되었다. B 지원자는 대학에서 미생물학을 전공했지만 건설회사에 지원했다. C 지원자는 대학에서 경영학을 전공했지만 아버님께서 건설회사를 운영하셔서 어려서부터 건설 현장에서 놀면서 자라서 건설회사 이외에 다른 업종은 생각을 해보지도 않았다며 지원하게 된 지원자 등 여러 케이스가 있을 것이다. 이처럼 상황이 다른 지원자인 만큼 각자의 자기소개는 같을 수가 없을 것이다.

지원하는 기업이나 여러 가지 경우에 맞게 자기소개를 하는 것은 취업에 성공하기 위해서는 꼭 필요한 일이다. 기업의 인재상과 자신을 연결시키고, 지원한 업무에 자신이 어떻게 적합한지 보여주기 위해서는 지원하는 기업에 대해 가능한 많은 내용을 아는 것이 중요하다. 기업 연혁, 인재상, 주력사업 및 상품, CEO의 프로필과 평소의 지론, 기업이 운영하는 스포츠팀이나 후원하는 선수, 계열기업, 시장점유율, 회사의 비전, 경쟁상황, 근무환경 등 다양한 정보를 수집할수록 그 수집된 정보를 활용해서 설득력 있는 자기소개를 만들어 낼 수 있다.

05

지원동기, 솔직한 자기 고백 VS 화려한 연출

기업의 경영진이나 인사담당자들이 지원자들로부터 가장 알고 싶은 것이 무엇일까? 그것은 바로 지원동기의 진정성이다. 면접관으로 면접에 참석해서 자주 듣는 이야기 중에 이런 것이 있다.

"A지원자는 스펙도 좋고 자질도 좋은데 아무리 봐도 우리 회사에 오래 근무할 사람은 아닌 것 같아요."

"우리 회사의 업무에 몰입될 수 있는 타입은 아닌 것 같아요. 우리 회사 업무에 비해 스펙이 너무 높아요."

대강 이런 류의 이야기 들이다.

공공기관에서 직원을 채용하려면 최소한 3개월 정도의 시간이 필요하다. 기간제 직원을 한 명 채용하더라도 최소 비용으로 약 2천만 원 정도의 비용이 든다. 지원자의 입장에서 한 기관에 합격했는데 그 기업보다 기업 규모도 크고 사원들을 위한 복지도 월등하다면 그가 더 큰 기업으로 자리를 옮기는 것을 나무랄 수는 없다. 입장을 바꿔 생각해봐도 나라도 똑같은 결정을 할 것이라 생각된다. 반면 합격 지원자의 이별 통보를 받은 기업의 입장을 생각해보면, 최소 3개월 이상의 기간 동안 인사팀 직원들, 면접을 위해 시간을 낸 팀장들, 임원들 그들의 노력과 채용에 투입된 시간과 비용이 한꺼번에 허공에 날라가는 암담한 상황에 놓이는 점 또한 간과할 수 없는 일이다.

우리 회사는 보험용으로 잠시 머물러 있다가 기회가 되면 언제든 떠날 것 같은 느낌을 주는 지원자는 아무리 훌륭한 자질을 지녔더라도 채용이 망설여지기 때문에 기업에서는 지원자가 왜 우리 회사에 지원했는지 그 솔직한 이유를 듣고 싶은 것이다. 그것도 면접하는 짧은 시간 동안 정말 그 회사에 입사하고 싶은 열망이 있는 척, 회사에 충성도가 높은 척하는 연출된 답변이 아니라 오랜 시간 고민해온 흔적이 느껴지고, 마음이 전해지는 그런 지원동기를 듣고 싶은 것이다.

자기소개와 지원동기, 약방의 감초처럼 어느 면접장에서든 꼭 등장하는 질문이다. 어떻게 답변하는 것이 현명한 답변일까? 솔직한 자기 고백이 되어야 할까? 아니면, 면접에 어울리는 연출된 답변이 좋을까? 함께 고민을 해보자.

지원동기를 솔직한 자기 고백으로 답변을 한다면 어떻게 될까? '신도 부러워하는 직장이니까요.', '연봉이 높으니까요.', '친구나 가족들에게 폼이 나잖아요.', '안정적이니까요.', '자립해서 결혼도 해야 하고 가족도 부양해야 하니까요.', '교육지원 같은 사원복지 제도가 잘 되어있고, 업무도 많지 않고, 경쟁이 심하지 않아서 지원했습니다.' 등 실제 면접장에서 활용할 수는 없지만 면접관이나 지원자 모두 공감하는 다양한 답변이 있다.

그러면 이번에는 면접에 어울리는 연출된 답변을 생각해보자. 우리 회사에 지원한 이유가 무엇인가요? '저는 귀사에서 세계 제일의 기업이 될 수 있는 가능성을 발견했기 때문입니다.', '귀사 CEO의 기업가 정신, 그리고 인재 경영에 감동을 받았기 때문입니다.', '귀사의 도전정신이 제가 추구하는 가치관과 일치하기 때문입니다.','직원 교육에 투자하는 것은 기업의 미래에 가장 중요한 동력입니다.', '귀사의 직원 교육 시스템에 매력을 느껴 대학 시절 4년 동안 귀사에 입사하기 위해 노력해왔습니다.' 아마도 이런 정도의 답변을 하게 될 것이다.

면접장에서는 답변 안에 진심과 가식이 섞여 있을 수밖에 없다. 면접관도 그런 방식으로 답변을 하고 입사를 했기 때문에 충분히 그 마음을 이해하고 있고, 어느 정도 지원자의 입장을 감안해서 답변을 듣곤 한다. 그러나 지원자의 답변에 70~80% 이상의 진심이 묻어나야만 가식이 애교로 보일 수 있다는 점, 이력서와 자기소개서, 그리고 면접 과정에서의 답변 내용이 동일해야 한다는 점을 기억해 두는 것이 중요하다.

면접에서 지원동기에 대해 질문을 받았다면, 회사에 관심을 갖게 되었던 계기를 들어 답변하는 것이 좋다. 그 계기는 회사의 역사, 인재상, CEO의 기업 운영에 대한 가치관이나 인재관, 주력사업 및 상품, 회사의 비전 등에서 찾을 수 있으며, 이러한 정보는 회사의 홈페이지나 회사에 대한 신문 기사를 스크랩하는 과정에서 얻을 수 있다. 자신의 여자 친구가 예쁘냐고 묻는다면, 세상에서 제일 예쁘다고 이야기하는 것이 자연스러운 일이다. 더러 슈퍼모델처럼 늘씬한 여성을 보고 가슴이 뛰긴 하지만 여자 친구를 사랑하는 마음은 변함이 없는 것처럼, 기업을 사랑하는 마음과 충성을 다하겠다는 마음도 영원할 수도, 완벽할 수도 없지만 진실한 마음만은 담고 있어야 한다. 더불어 이력서와 자기소개서에 그리고 면접질문에 대한 답변 속에 그 진심이 묻어나도록 만들면 더욱 좋은 평가를 받을 수 있음을 잊지 말자.

면접관, 그들은 누구인가?

지원자가 면접장에서 만나게 되는 면접관 그들은 누구인가? 지피지기면 백번 싸워 백번 이긴다는데, 면접에 성공하려면 면접관이 누구인지 알아야 하지 않을까? 면접관 그들은 인재 채용 업무만을 담당하는 면접의 달인인가? 아니면, 면접 진행을 위해 선발된 선배사원인가? 그들이 누구인지 아는 것만으로도 면접장에서의 긴장감을 줄일 수 있고, 적절한 대응방안을 찾는 데 도움이 될 것이다.

공채를 진행하는 기업은 대부분 1차 면접의 면접관으로 실무 부서의 팀장이나 대리, 과장 수준의 중간 관리자가 참석하고, 2차 면접은 부장 이상의 임원진이 참석하는 것이 일반적이다. 흔한 일은 아니지만 일부 기업에서는 3차 면접을 회장단에서 진행하는 경우도 있다.

기업에서는 역량 있는 인재를 채용하기 위해 다양한 면접 기법을 개발하고 있다. 면접관에 대해서도 사전에 다양한 면접 기법을 교육해서 전문성을 갖추도록 지원하고 있지만, 사실 지원자의 눈빛만 보고도 속내를 꿰뚫어 보는 면접 도사로 만드는 데는 한계가 있다. 물론 인생의 선배로서, 경험이 풍부한 선임자로서 해당 업무에 대한 역량을 평가하거나 인간적인 됨됨이를 평가하고, 지원동기 및 진정성을 평가해 볼 수는 있지만, 짧은 질문과 답변을 통해 지원자의 창의성, 책임감, 리더십, 커뮤니케이션 능력, 판단력, 기획력, 조직 적응력, 추진력 등 다양한 평가 요소를 평가해 내는 데는 한계가 있다는 점을 이해하고 있어야 한다.

일정 규모 이상의 기업에서는 면접 과정을 구조화해서 면접관 간의 시각차 및 오차를 줄이고 합리적인 평가가 되도록 개선해가고 있다. 면접을 구조화한다는 것은 기업의 인재상에 적합한 인재가 지녀야 하는 자질의 기준을 설정하고 그 자질이 평가될 수 있는 질문을 작성한 후 해당 질문에 대한 지원자의 답변과 행동을 평가하는 기준을 만드는 것이다.

기업에서는 이 평가 기준이 객관성과 형평성 면에서 오류가 발생하지 않도록 개선해가고 있지만, 지원자는 기업의 평가 기준에 오류가 있을 수 있다는 점을 인식하고, 면접관 간의 가치관의 차이로 인한 오류나 훈련되지 않은 면접관으로부터 발생하는 오류에 대비하는 것이 현명한 방법이다. 1차 면접의 경우에는 직무 역량이나 전공 등에 대해 질문하고 답변을 하기 때문에 오류를 상당 부분 줄일 수 있고, 면접관도 대리, 과장, 차장급으로 구성되기 때문에 나이 차이도 그리 크지 않아서 오류가 많지 않을 수 있지만, 경영진이 참여하는 2차 면접의 경우에는 세대 차이가 크고, 인성이나 적성, 지원동기, 충성도 등 대부분 정성적인 항목을 평가하게 되기 때문에 면접관 간의 개인 편차가 클 수 있고, 오류의 폭이 커질 수 있는 가능성이 크다.

면접관 간에도 개인차가 있을 수 있겠지만, 대부분 오전 시간에는 평가 매뉴

얼에 따라 질문을 하고, 지원자의 행동이나 느낌에 대해서도 상세히 메모를 하며, 평가 결과에 상하 편차가 크지 않도록 조절하는 등 엄격한 평가 기준을 적용하는 경향이 있지만, 오후에는 면접관 간의 협조 체계도 원활해지고 질문 및 평가에 요령이 생김에 따라 평가 기준이 느슨해지고 상하 편차가 커지는 경향을 보인다.

면접관은 신이 아니며, 저승사자도 아니다. 지원자의 주변에서 흔히 만날 수 있는 동네 형이고 선배들이며, 삼촌이다. 긴장해서 얼굴색까지 하얘지고, 눈과 입술에 경련을 일으켜야 하는 대상이 절대 아니라는 점을 일깨워주고 싶다. 참고로 면접관의 입장을 고려해 볼 때 오전에는 튀지 않는 차분한 톤의 목소리가 적합하다고 볼 수 있지만, 오후에는 면접관의 졸음도 깨우고 피곤함을 덜 수 있도록 유머와 위트가 섞인 밝은 음성이 더 좋은 평가를 받을 수 있다는 점을 면접팁으로 전하고 싶다.

07

면접에 관한 오해 혹은 진실

오해 집단토론 면접에서 사회를 맡아서 진행을 하거나 토론을 주도한 사람이 좋은 평가를 받고, 상대적으로 말수가 적었던 사람은 낮은 점수를 받게 되겠죠?

진실 집단토론에서 체계적이고 논리 정연한 논조로 토론을 주도하고 평정한 듯한 지원자는 자신은 물론이고 함께 참석한 지원자들로부터 부러움의 대상이 된다. 좋은 평가를 받게 될 것이 분명해 보이기 때문이다. 하지만 토론 면접을 마친 면접관은 조금은 다른 시각에서 지원자를 보고 있다. 토론을 주도한 지원자는 자기주장이 너무 강해서 조직에 해가 될 수도 있다고 평가하기도 한다. 토론에 참여는 많이 하지 않았지만 다른 지원자가 긴장해서 주제를 벗어나거나 말을 이어가지 못할 때 키워드를 넌지시 일러줬던 지원자가 가장 좋은 평가를 받기도 한다. 면접관에게 긍정적인 이미지를 남기는 데는 타인에 대한 배려와 겸손함이 가장 좋은 덕목임을 잊지 말자.

오해 토론 면접이나 다대다 면접을 할 때 같은 조에 남성은 본인뿐이고 나머지 지원자는 모두 여성일 경우 남성이 주도해서 나서지 않으면 소극적이라는 느낌을 주지 않을까요?

진실 군대에 가서 줄을 잘 서야 한다는 말이 있다. 면접장에서도 줄을 잘 서는 것이 중요하다. 가령, 여성 지원자들이 상대적으로 많은 조에 남성 지원자가 한 명 포함되어 집단토론을 해야 하는 경우에 남성 지원자는 토론에서 중요한 역할을 해야 한다는 중압감을 느끼게 되고, 그런 부담감으로 인해 남성 지원자의 논리가 명확하지 않게 느껴질 수 있는 가능성이 크다. 반대로 남성 지원자가 다수일 경우에 여성 지원자가 한 명 포함되었다면 홍일점의 효과를 거둘 수 있는 장점이 있다. 전자의 경우 남성 지원자는 토론을 리드해야겠다는 부담감을 버리고, 토론 주제에 대한 자신의 논리를 간단명료하게 피력하는 방법으로 토론에 참여하는 것이 좋다.

오해 여성 지원자는 경력이 단절되었거나 결혼 적령기에 있을 경우 또는 지방 출장이 잦은 직무를 선발하는 경우 남성에 비해 낮은 평가를 받게 되지 않을까요?

진실 위 질문은 오해라고 볼 수는 없다. 현실적으로 편견이 아직도 상존하고 있다. 시대가 변하면서 가치관이 많이 바뀌었지만 아직도 일부 기업에서는 여성 지원자에 대해 상당히 부정적으로 보는 경향이 있는 것이 사실이다. 여기에는 많은 이유가 있겠지만 무엇보다도 육아 문제나 가사 문제와 같이 직장생활을 하는데 불리한 여러 가지 사회적 요인이 대표적이다. 또, 조직의 구성원으로서의 책임과 역할보다는 자신의 생활과 입장만을 중시한 일부 직장 여성들의 그릇된 행동으로 많은 면접관이 여성 지원자에 대해 색안경을 끼고 바라보는 것 또한 현실이다. 이러한 여성에 대한 편견을 넘어서서 성공적인 면접을 치러내기 위한 몇 가지 방법을 제시하고자 한다.

1. 프로페셔널의 이미지가 면접관에게 전달될 수 있도록 노력하라. 질문에 대한 답은 망설이지 말고 논리적으로, 자신감 있게 말한다. 황당한 질문이나 압박 질문에 대답을 얼버무리거나 얼굴을 붉히면 그 대답은 실점으로 이어질 가능성이 크다. 또, 집안일이나 개인적인 일보다 회사 일을 우선시할 것 같다는 느낌과 프로답다는 이미지를 만들기 바란다.

2. 공공기관의 경우 여성 지원자에게 결혼, 출산, 육아에 대해 질문을 하지 못하게 제지하고 있다. 사회 분위기로 인해 민간기업도 여성 지원자가 위와 같은 질문을 받거나 이로 인해 불이익을 받았다는 것이 SNS 등을 통해 알려질 경우 상당한 피해를 볼 수 있어서 기업 측에서도 조심하고 있는 분위기다. 표면적으로는 그런 분위기이지만 실제로는 여성에게 낮은 평가를 하게 될 가능성이 높은 것이 현실이다. 이런 상황에서 위축되기보다는 결혼, 출산, 육아 계획에 대해 명확하게 자신의 계획을 이야기하고 프로페셔널한 전문직 여성이 되기 위해 스스로 어떤 대책을 세우고 있으며, 더불어 어떤 노력을 하겠다고 자신 있게 밝히는 것이 더 좋은 평가를 받을 수 있는 길이라고 조언하고 싶다.

3. 일에 대한 열정과 확고한 직업의식을 보여줘라. 밤새워 기획서를 작성하더라도, 지방 출장이나 밤늦게까지 이어지는 업무에 대해서도 즐겁게 일할 수 있다는 의지를 보여라. 그리고 아들의 유치원 재롱 잔치에 못 가는 일이 있더라도, 딸의 예방 접종을 남편이나 부모님께 부탁하는 경우가 있더라도 일을 위해서라면 모든 것을 감내하겠다는 의지를 강조하기 바란다.

이력서, 자기소개서 작성법

이력서와 자기소개서는 가급적 대학 1학년 때부터 꾸준히 써보기를 권장하지만 대학 3학년 이전에 이력서나 자기소개서에 관심을 두는 사람은 많지 않다. 아니 거의 없다. 코치 입장에서는 3학년 때부터는 가급적 써보기 시작하면 좋겠다는 입장이다.

이력서와 자기소개서를 써보면 현재 자신의 상태를 파악할 수 있다. 다른 친구들은 만점에 가까운 토익성적을 가지고 있는데 아직 한 번도 시험을 보지 않은 것을 느낄 수도 있고, 특성화 고등학교를 졸업한 경우 자격증을 10개 이상 가지고 있는 친구도 무수하다. 컴활 자격증이나 한국사 자격증, 재무 관련 자격증, 전기나 전자 관련 기능사, 건설, 소방 관련 자격증 등 다양한 자격증이 있을 수 있는데 과연 나는 나의 전공과 유사한, 그리고 나의 지원 직무에 해당되는 자격증을 가지고 있는지 한번 돌아보는 기회가 될 수 있다.

그리고, 동아리 활동이나 아르바이트 경험, 공모전에 참여한 경험 등을 정리해두면 차후에 본격적인 취업 시즌에 들어가서 이력서와 자기소개서를 실제로 작성할 때 긴장하지 않고 차분하게 이력서, 자기소개서를 정리해 볼 여유를 가질 수 있다. 간혹 사전에 준비하지 않은 지원자의 경우 시간에 쫓기다 보면 완성도가 현저하게 떨어질 뿐 아니라, 돌발적으로 채용하는 알짜 기업의 채용정보를 두 눈 뜨고 놓치게 되는 뼈아픈 일도 있다. 미리 여유 있게 작성해두면 이런 돌발 상황에 대한 대비가 가능하므로 유용하다.

이력서와 자기소개서는 본격적인 입사 지원의 실행 단계인 만큼 자신의 특성과 스펙에 따라 철저하게 자신을 분석한 후, 지원기업과 희망직무를 결정하여 기업별 맞춤 이력서를 작성하는 것이 좋다. 자신의 특성과 스펙에 따른 자기 분석 기준에 따라 자신을 채점해 보고, 자신이 부족한 항목에 대해서는 대체할 만한 스펙이 무엇인지, 어떤 준비를 해야 하는지 점검해 보자.

1. 자신의 특성과 스펙에 따른 자기 분석

지원자 스스로 자신의 스펙을 점검해보는 자가 진단표이다. 아래의 항목이 지원자의 스펙을 결정짓는 절대 기준은 아니므로, 기준에 따라 자신의 스펙을 채점해 보고, 부족한 부분이 있다면 어떤 항목으로 부족한 부분을 보충해서 공략할지 전략을 수립하는 도구로 활용하면 될 것이다. 채점 결과, 자신의 스펙으로 원하는 회사에 가망이 없다면 가능성 있는 회사로 과감하게 방향을 돌리거나, 가능성이 없지는 않지만 전체적인 스펙이 부족하다면 자기소개서를 작성할 때 더욱 심혈을 기울여 자기소개서에서 승부를 걸어야 한다. 전체적인 스펙은 낮지 않지만, 한두 가지 아쉬운 부분이 있다면 자신이 부족한 부분을 다른 어떤 스펙으로 보완할 것인지를 진단표에 따라 결정하면 될 것이다.

<자가 진단표>

자기분석기준	내용
학점	학점은 지능에 대한 평가이기도 하지만 성실성에 대한 평가이기도 하다. 자신의 전공 분야만큼은 학점을 높게 관리해보자. 이를 지키지 못했다면 전공을 그다지 평가하지 않는 직무를 선택해 지원하는 게 좋다.
전공	자신의 전공이 지원할 직무와 연관성이 있는지 점검하고 직무를 확장하고자 하는 경우 부전공을 시도해 볼 것을 권한다.
나이	과거에는 대기업이나 공기업에서 입사 연도별 기수를 기준으로 삼는 경우가 빈번했으나 최근에는 나이는 심각하게 생각하지 않는다. 굳이 졸업유예, 취업을 염두에 둔 휴학 등도 무의미하다.
어학성적	블라인드 채용을 시행하는 기업에서는 어학성적도 블라인드 처리하지만 외국어 사용 비중이 높거나 중요한 직무에서는 어학성적으로 업무 연관성을 들어 커트라인을 두거나 중요한 평가 기준으로 사용한다.
직무 유관 자격증	자신의 전공과 관련된 자격증은 필수로 중요하고, 한국사, 컴활 등 필수 자격증은 꼭 취득해 둘 것을 권한다.
대외활동 (세미나, 협회 활동 등)	서류전형이나 면접 전형의 평가 기준으로 적용되지는 않지만 동점자가 되었을 때 면접 전형에서 장점으로 작성하는 경우가 있다.
아르바이트, 동아리, 1인 미디어	서류전형이나 면접 전형의 평가 기준으로 적용되지는 않지만 동점자가 되었을 때 면접 전형에서 장점으로 작성하는 경우가 있다.
출신학교	과거에는 출신학교가 절대적인 비중을 차지했지만 현재는 블라인드 채용을 진행하는 공공기관에서는 비중이 0%이고, 민간기업에서는 명문 학교를 졸업한 것이 암묵적으로 평가에 작용할 가능성이 있다. 다만 직무가 난이도가 낮은 경우 고스펙이 마이너스로 작용할 수도 있다.

2. 기업 및 직무선택기준

자신의 스펙에 대한 개략적인 분석이 끝났다면, 자신이 공략할 기업과 직무를 선택해야 한다. 기업과 직무의 선택은 이력서, 자기소개서를 작성하는 데 근거가 되는 자료이므로 세부적인 기준을 마련하여 정확도를 높이고, 자신이 공략했을 때 합격 가능성이 있을지를 꼼꼼하게 점검해 보아야 한다. 눈높이를 높이는 것도 문제지만, 지나치게 낮추는 것도 가능성이 떨어지므로 자신의 스펙에 따라 정확하게 목표를 정하는 것이 중요하다.

<기업을 선택하는 기준>

기업 선택 기준	내용
회사의 사업 내용이 무엇인가?	비전이 밝은가? 미래 진향적인 사업인가?
안정된 기업인가?	재무구조가 안정적인가? 근무여건이 좋은가? 인위적인 구조조정 등의 불안감은 없는가? 잡플래닛이나 구글 검색을 통해 정보를 찾아보자.
조직 문화가 나에게 적합한가?	보수적인가? 개방적인가? 수직적인가? 수평적인가?
경영자가 유능한가?	비전과 목표제시가 명확한가? 도덕성을 갖추었는가?
이직률이 적당한가?	이직률이 높은 것도 문제일 수 있지만 너무 낮아도 승진이 적체되는 등의 문제가 발생할 수 있다.
근무여건은 적당한가?	연봉, 복리후생, 자기개발 기회, 교육기회 등
기타?	지방 이전 이슈, 출퇴근 거리 등

<직무를 선택하는 기준>

직무 선택 기준	내용
구체적인 업무 내용이 무엇인가?	자신이 수행할 수 있는 충분한 역량이 있고, 향후 발전성이 있는 업무인가?
적성에 맞는 업무인가?	자신이 좋아하고 잘 할 수 있는 업무인가?
자신의 전공을 살릴 수 있는 업무인가?	전공이 맞지 않아 불리한 경우, 어떤 다른 스펙으로 보완할 수 있을지 숙고해보고 결정한다.
사내에서의 중요도가 높은 직무인가?	회사의 주력 사업에 해당하는가?
타 회사로 이직할 때 기회가 많은 분야인가?	평생직장 개념이 사라졌기 때문에, 현 회사에서는 비전이 있더라도 이직을 할 때 나의 전문성과 경험을 필요로 하는 회사가 많은지 고민해봐야 한다.
직무의 비전에 있는가?	고위 직급까지 도달할 수 있는 직무인가? 유관분야로 진출할 수 있는 가능성이 높은가?
특별한 자격요건이 있는가?	특정한 자격을 취득해야만 가능한 업무인가? 신체조건 상 지원 가능한가? (의사, 변호사, 변리사, 회계사 / 승무원, 경호원 등)

자신의 특성과 적성에 맞게 원하는 직무와 지원 회사가 정해졌으면 이제부터는 본격적으로 이력서, 자기소개서 작성에 돌입해야 한다. 이력서와 자기소개서는 기본틀을 하나 만들어 놓고, 자신이 지원한 기업과 해당 직무에 맞게 부분적으로 조금씩 수정 보완해서 작성해야 한다. 해당 기업이나 직무에 맞게 작성하지 않으면 회사에 대한 열정이 느껴지지 않고, 다른 지원자와의 차별화를 기하기 어려울뿐더러, 심지어는 다른 회사에 지원한 이력서를 제출하게 되

는 웃지못할 상황이 벌어지기도 한다. 번거롭더라도 지원하는 회사와 직무에 맞게 작성하는 정성을 쏟아야 한다.

1) 자신의 이력서를 받아볼 기업 담당자 입장에서 작성하라.

서류를 검토하고 분류하는 작업을 할 때마다 안타까운 것이, 지원자들이 너무 자신의 입장에서만 자기 편의대로 이력서를 작성하고 지원한다는 것이다. 자신의 이력서를 받아 볼 담당자의 입장에서 작성하는 것은, 이력서와 자기소개서를 작성할 때 가장 유의해야 할 부분이고, 작성하는 도중에도 중간 점검을 하면서 작성해야 할 부분이며, 작업이 끝난 뒤에도 다시 살펴봐야 하는 부분이다. 받아 볼 사람의 입장에서 작성되고 있는지 끊임없이 확인하는 것이야말로 이력서 작성의 첫걸음이다.

- 서류는 파일 하나로 취합해서 제출하라.

공공기관이나 대기업, 중견기업 등은 지원서 작성 양식에 작성을 하기 때문에 파일 형태에 관심을 두지 않아도 된다. 다만, 복사/붙여넣기 과정에서 다른 기업에 제출한 내용이 붙여넣기가 되거나 블라인드 해야 하는 성명, 출신교, 출신 지역, 가족 상황 등에 대한 내용이 입력되지는 않았는지 검토해보는 것이 중요하다. 그 외 중소기업의 경우 자사 입력페이지가 없어 담당자 메일로 개인적으로 파일을 작성하여 지원을 해야 하는데, 한번 지원하는데 작게는 2개, 많게는 5~6개의 파일이 동시에 들어가 있는 경우가 있다. 이력서 1개, 자기소개서 1개, 영문 이력서 1개, 영문 자기소개서 1개와 같이 여러 개의 파일은 기본이고, 첨부하는 파일마다 포맷도 제각각이다. 이력서는 워드로 작업하고, 자기소개서는 한글, 영문 이력서는 엑셀, 영문 자기소개서는 파워포인트로 작업하는 식이다. 서류를 검토하는 면접관 입장에서는 포맷이 다양하고, 파일 수가 많아질수록 짜증이 더해지고 지원자에 대한 생각이 부정적으로 흐른다는 것을 명심해야 한다. 페이지 수가 늘어나더라도 이력서와 자기소개서를 하나의 파일에 작성하여 제출하는 것은 이력서를 검토하는 사람을 위한 기본적인 배려에 속한다. 참고로 이력서는 워드 프로그램 별로 작성해두면 요긴하다(MS워드 또는 한글 등).

– 주소는 해당 회사와 가까운 곳으로 기재하라.

지방에 사는 지원자가 서울에 있는 회사에 지원하는 경우, 지방 주소 그대로를 기재하기보다는 서울에 있는 친구나 친척집 주소를 기재하는 것이 좋다. 반대의 경우도 마찬가지다.

지원자의 출신을 따지는 것이 아니라, 면접을 준비하는 회사 입장에서는 합격이 보장된 것도 아닌데 멀리 사는 지원자에게 면접을 보러 오라고 하기에 미안한 마음이 들어 면접참석 요청을 하지 않을 수도 있다. 대기업은 대규모 채용이 이뤄지기 때문에 대부분 주소지와 상관없이 검토를 하지만, 비교적 규모가 작은 알짜 회사나 외국인 회사 등 대규모 공채를 실시하지 않는 기업 대부분은 멀리 있는 지원자보다는 회사 가까이 사는 지원자를 부담 없이 먼저 검토하는 경향이 있다. 우리가 회사를 선택할 때 비슷한 조건이라면 출퇴근 거리가 가까운 회사를 선택하는 것과 같은 이치이다. 그렇다고 없는 주소를 억지로 만들어서 무조건 회사 근처로 할 필요는 없다. 자신의 상황에 맞게 참고해서 하면 된다.

– 연락처는 하나로 묶어서 이력서 상단에 기재하라.

연락처를 기재할 때는 휴대전화, 집 전화, 이메일을 일관성 있게 하나로 묶어 이력서 상단에 기재하는 것이 바람직하다. 집 전화 따로, 휴대전화 따로, 메일 주소는 아예 기재하지 않아 지원 메일을 다시 찾아야 하는 경우도 있다. 긴급 연락처로 부모님이나 형제, 친구의 전화번호를 기재하는 경우가 있는데 위치 선정이 잘못되어 본인 연락처보다 긴급 연락처가 먼저 눈에 들어오는 경우도 있다. 회사 담당자들의 부주의를 탓하기 전에 긴급 연락처로 연락을 하게 만드는 것은 지원자의 책임이다. 대신 전화를 받은 부모님이나 형제의 전화 응대가 좋은 경우는 문제가 없지만, 반대의 경우는 지원자에 대한 이미지가 나빠지고, 최악의 경우는 서류전형에 합격했던 지원자도 불합격되는 어이없는 상황이 발생하기도 한다. 위와 같은 상황이 발생하지 않도록 하나라도 주의를 게을리 해서는 안 된다.

2) 지원분야(Job Target)를 명확히 하라.

업무 경험이 없는 신입이 본인의 지원분야(Job Target)를 명확히 하는 것은 결코 쉬운 일이 아니지만, 우편물을 보낼 때 받는 사람의 이름을 반드시 기재해야 하는 것처럼 당연한 일이므로 나의 적성과 스펙에 맞게 지원 분야를 정하는 것은 이력서, 자기소개서를 작성하기 이전에 반드시 선행되어야 한다. 단순히 지원 분야 만을 기재하는 것이 아니라 지원 분야에 맞게 이력서, 자기소개서 내용을 채워야 한다. 가끔 이력서와 자기소개서를 읽어보면 정말 이 업무에 지원한 것이 맞는지 의심스러운 사람이 있다. 어떤 업무에 적합할지 담당자가 알아서 분류해줄 거라는 생각은 허술하기 이를 데 없는 발상이며, 담당자에 대한 배려가 부족함은 물론, 무슨 일이든 잘해낼 수 있는 역량 있는 인재로 보이기보다는, 어떤 것도 해낼 수 없는 무기력한 지원자로 보이기 십상이니 지원분야는 반드시 제대로 분류해서 이력서, 자기소개서 내용에 일관성 있게 반영해야 한다. 지원분야가 명확하지 않은 경우 서류를 다 읽어보기도 전에 지원자의 지원의지를 의심하게 되고 이력서를 끝까지 읽어볼 마음이 사라져 버린다는 것을 명심해야 한다.

3) 개인 신상은 간결하고 명확하게 작성하라.

개인 신상에 들어가는 필수 항목으로는, 성명(한자, 영문), 생년월일(주민등록번호), 주소, 연락처 등이 있고, 좀 더 범위를 넓히자면 가족관계, 업무와 유관한 취미나 특이사항 등이 이에 해당된다. 정해진 양식이 따로 있는 기업의 전형이라면 필수적으로 기재해야 하는 항목이 표기되어 있으므로 헤맬 필요가 없겠지만, 개인적으로 지원하는 경우라면 개인 신상이라 하더라도 외견과 관련된 사항(키, 몸무게, 시력 등)은 기재하지 않는 것이 보편적이다. 연락처를 기재할 때는 휴대 전화, 집 전화, 이메일 등을 일목요연하게 하나로 묶어 이력서 상단에 기재하는 것이 바람직하다. 이메일 주소를 기재하지 않아, 지원한 메일함을 다시 뒤져야 하거나, 연락처를 이력서 제일 하단에 기재하는 경우가 있는데 연락처가 한곳에 모여 있지 않거나 한눈에 들어오지 않으면 산만한 사람이라는 느낌을 줄 수 있으므로 유의해야 한다. 회사에서 정해준 양식이 있는 경우는 문제가 없지만, 개인적으로 양식을 만들어 지원하는 경우는 특히 유의해야 한다.

4) 지원 분야와 연관된 활동을 효과적으로 기술하라.

경력이 될 것 같지 않은 사소한 일이라서 기재를 하지 않거나, 지원 분야와 상관 없이 자신이 경험한 기타 활동을 무조건 나열하기보다는 같은 아르바이트 경험이라도 자신이 지원한 업무분야와 유관한 경험 위주로 좀 더 상세하고 비중 있게 다루는 것이 좋다. 예를 들어, 유통업계에 지원한 지원자라면, 레스토랑에서 서빙 한 아르바이트 경험은 삭제하더라도 편의점에서 아르바이트 한 경험을 좀 더 상세하고, 비중 있게 작성할 필요가 있다는 것이다. 자신이 지원한 분야와 연관된 활동을 서술하는 것은 업무에 대한 경험 부분에서 다른 지원자에 비해 긍정적인 평가를 받을 수 있는 기회가 된다. 자신이 지원한 분야에서 만큼은 어떤 일이든 능동적으로 대처할 수 있는 사람이라는 인상을 심어주기 위해서는 연관성도 없고 특징도 없는 밋밋한 경험을 줄줄이 나열하기보다는 지원 분야와 연관된 활동 위주로 사실적으로 서술하는 것이 가능성을 높이는 길이다.

5) 장래의 포부나 비전을 확실히 명기하라.

언제 어떤 계기로 회사에 관심을 가지게 되었고, 해당 업무에 적합한 인재가 되기 위해 어떤 노력을 기울였으며, 자신의 역량으로 어떤 성과를 이루고 싶은지 구체적으로 기술해야 한다. 비전 있는 회사, 시장을 선도하는 회사, 글로벌한 회사라는 식상한 수식어는 지원자의 수준을 떨어뜨리고 다른 지원자와의 차별화를 꾀하기 어려운 표현이므로 자제해야 한다. 마찬가지로 자신에 대해 성실하고, 도전정신 있고, 창의적인, 글로벌마인드를 지닌 인재라는 표현 또한 똑똑하지 않은 인재라는 것을 스스로 알리는 일이므로 인용을 자제하는 것이 좋다. 지원한 회사의 이름과 업무를 구체적으로 표기하고 자신이 왜 해당 업무에 적합한 인재인지를 적극적으로 알리는 것이 바람직하다. 귀사, 당사라고 표기하거나 구체적인 업무 내용을 표기하지 않고 두루뭉술하게 슬쩍 넘기는 것은 입사 의지가 뚜렷하지 않고, 정성이 부족한 지원자로 보이게 하므로 작은 부분에도 세심한 주의를 기울일 필요가 있다. 주의가 부족해서 다른 회사의 이름이 기재된 서류를 그대로 지원하게 되면 최악의 결과를 초래하게 되므로 각별히 유의해야 한다.

6) 작성이 끝난 뒤에는 제출 전에 다시 한번 점검하라.

오자나 탈자는 없는지, 어색한 표현은 없는지, 다른 회사에 지원한 흔적은 없는지, 자신의 이력서 내용 중에 인터넷에 돌아다니는 샘플 이력서에 나온 내용과 겹치는 부분은 없는지 꼼꼼하게 체크해야 한다. 많은 사람이 인용하는 흔한 문구는 특징 없는 사람으로 보이게 할 뿐만 아니라, 다른 사람의 생각을 그

대로 베낀 뽑아서는 안 되는 지원자로 분류되는 결과를 가져오므로 유의해야 한다. 특히 다른 회사에 지원한 흔적이 그대로 남아 있는 경우는 최악의 결과를 초래할 수 있으므로 지원할 때마다 매번 꼼꼼하게 점검해야 한다.

위의 모든 과정이 시간과 노력을 제대로 들여야 하는 일이다. 묻지마 식의 무차별 지원은 제대로 점검할 시간과 노력이 없어 지원한 회사나 업무에 대한 열정이 떨어질 수밖에 없고, 가능성 있는 기회마저도 천편일률적인 내용으로 부실하게 지원하여 기회를 놓치게 되는 결과를 가져올 수 있다. 지원하는 횟수는 적더라도 자신의 스펙에 맞게 가능성 있는 회사에 신중하게 지원하는 것이 효과적이다.

대기업 채용과정 들여다보기

대기업은 높은 연봉과 다양한 복리후생제도와 직원교육제도, 안정성, 기업 이미지 등 여러 가지 장점으로 인해 취업 준비생들이 입사하고 싶은 1순위 기업군으로 손꼽힌다. 취업 희망 기업 선호도가 높은 대기업의 채용과정을 살펴보고 각 과정의 이해를 높이는 것은 대기업 취업의 가능성을 높이는 길이므로 자세히 알아둘 필요가 있다.

우리나라의 Big 5 대기업 중 오늘 현재 공채를 진행하는 대기업은 삼성그룹만 남았다. 현대차그룹은 2019년부터 정기 공채를 폐지했고, LG그룹도 수시 채용으로 변경했다. SK그룹의 경우도 대졸 정기채용을 하지 않고 있으며, 롯데 그룹도 수시 채용을 전면 도입했다.

'기업이 인재다'라는 말이 있듯이 기업에서 인재를 선점하는 것은 기업의 사활에 직결되어 있다고 해도 과언이 아니다. 과거 대기업에서는 핵심 인재를 선점하기 위해 면접일 등을 다른 기업보다 먼저 하거나 경쟁이 심한 기업 간에는 동일한 날짜에 면접을 진행해서 인재 유출을 막고자 눈치작전을 하는 경우도 비일비재했었다.

정기공채 폐지를 선도한 것은 현대차그룹인데 기업 운영 측면에서 계열사별로 원하는 시기와 인력을 조달하기 수월하다는 점이 수시 채용 전환의 주요인으로 꼽힌다. 코로나바이러스 감염증(코로나19)으로 대규모 인원을 대상으로 한 현장 시험이 어려워진 점 등도 공채 폐지를 결심하는 데 일조한 것으로 풀이된다. 공채 폐지로 입사 기수를 부여하지 않고 기존 기수 정보도 함께 없앤 것 또한 우리나라의 기업 정서와 문화에서 대단히 어려운 결정을 한 것으로 판단된다.

5대 기업 중 삼성을 제외한 대기업에서는 공채제도를 폐기했고 경력직 사원도 다수의 대기업에서는 수시 채용을 진행하는 비중이 높아지고 있지만, 신입사원 채용 방법으로는 공개채용이 주를 이루고 있다. 공개채용은 1년에 상반기, 하반기 두 차례에 걸쳐 실시하고 있다. 대기업은 구직자들의 취업 선호도가 높아 인재확보에 문제가 없는 것처럼 보이겠지만, 대기업의 입장에서는 좋은 인재를 선점하기 위한 기업 간의 경쟁에서 이겨야 하기 때문에 채용인원을 결정하거나 공채 시기를 결정하는데 어려움을 겪곤 한다.

우리나라의 대기업은 일반적으로 매년 3월에 상반기 공채를 시작한다. 3월에 취업포털, 주요 일간지, 자사 홈페이지에 채용공고를 게재하며, 약 보름 정도 지원서 접수를 받는다. 접수가 마감되면 1주 정도 후에 서류전형 결과를 발표를 하게 되고, 서류전형 합격자에 한해 이후 과정을 진행하게 된다. 서류전형 합격자는 인성검사 및 직무 적성검사, 시사, 일반상식을 묻는 입사시험을 치르게 되며, 더러는 역사나 한자, 국어 시험을 치르는 곳도 있다. 이후 입사시험 합격자를 대상으로 실무 팀장직급이 면접관으로 참석하는 1차 면접이 치러진다. 1차 면접은 주로 전공지식이나 실무 능력을 평가하며, 1차 면접 합격자에 한해 2차 면접 일정이 통보된다. 2차 면접은 주로 부장급 이상 임원진이 면접관으로 참석하며 인성 위주로 평가하게 된다. 2차 면접 후에 3차로 회장단에서 면접을 진행하는 기업이 더러 있기는 하지만 일반적이지는 않다. 2차 면접 이후에는 건강 검진을 한 후 최종 합격자 발표를 하는데 전체 소요기간은 2.5개월 정도가 소요돼서 3월 상반기 공채는 대개 5월 중에 마무리가 된다. 하반기 공채는 9월에 시작되며, 11월 말, 12월 초에 마무리된다.

기업에서는 연말, 연초의 연간 사업계획에 근거해서 공채인원을 결정하는데, 상반기에는 약간 보수적으로 채용하는 경향이 있어 채용 비중은 하반기 공채가 더 높고, 상반기보다 하반기에 더 많은 인원을 채용하는 것이 일반적이다.

대기업 신입사원의 1년 이내 이직률이 평균 21%에 이르고, 신입사원 교육과정에서도 이탈하는 사람이 있기 때문에 최종 합격자는 예정 채용인원보다 10% 이내로 초과 인원을 채용하며, 서류전형, 입사시험, 1차 면접, 2차 면접 과정마다 필요 인원의 3배수 정도로 단계별 모집 인원을 결정한다.

지원자로서는 다양한 기업과 면접을 볼 수 있는 기회를 얻기를 희망하고 있지만 대기업 공채에서 기업은 입사를 철회하는 복수 합격자로 인해서 상당한 스트레스를 받기 때문에 공채 일정을 경쟁사와 중복되게 함으로써 합격자의 이탈을 최대한 방지하는 노력을 하고 있다. 상위 3%의 핵심 인재의 경우 대부분의 기업에서 러브콜을 받게 되기 때문에 각 기업에서는 핵심 인재를 유치하기 위해 회장이 직접 나서서 회사의 비전을 전하기도 하고, 입사 후 개인이 발전해 갈 수 있는 가능성을 제시하기도 한다.

10

기업에서는 이런 사람을 찾는다

구직자들이 기업을 선택하는 기준은 명확하다. 자신이 가진 역량이나 스펙에 비해 높은 연봉과 매력적인 복리후생, 누구에게도 꿀리지 않는 기업 브랜드, 장래 비전이 뚜렷한 기업 등으로 어느 정도 서열화되어 있다.

반면, 기업에서 원하는 인재는 반드시 서열화되어 있지는 않다. 즉, 좋은 학교 나온 똑똑하고 잘난 사람도 필요하지만, 무엇보다 우리 회사에 들어오고 싶은 마음이 간절한 사람, 자신이 지원한 직무에 열정과 실력으로 무장한 사람, 우리 조직에서 안정적으로 적응할 사람이 기업에서 보는 핵심 키워드이다. 좋은 학교에 성적이 우수하고 토익 점수가 높은 소위 스펙이 좋은 사람이라도 회사에 대한 진심 어린 애정이 느껴지지 않거나 자신의 직무에 대한 열정이 없다면 면접관의 신뢰를 얻기 어렵다. 기업의 주력사업이 무엇이든 경영이념이 어떻든 동서고금을 막론하고 기업이 원하는 인재는 아래 다섯 개 키워드에서 크게 벗어나지 않는다. 자신의 스펙이 경쟁자들에 비해 약하다고 좌절하기보다는 내가 꼭 가고 싶은 회사인지를 먼저 점검하고, 자신의 부족한 부분을 집중적으로 공략하는 것이 원하는 기업에 들어갈 수 있는 효과적인 전략임을 명심하자.

기업이 찾는 사람은 이런 사람이다.
❶ 빠른 시일 안에 해당 업무에서 원하는 성과를 낼 수 있는 사람(20%)
❷ 조직 친화적인 인성의 소유자(20%)
❸ 진정으로 우리 회사에 입사하고 싶어하는 사람(20%)
❹ 자신이 지원한 직무에 열정으로 무장된 사람(20%)
❺ 쉽게 이직을 하지 않을 사람(10%)
❻ 기타(10%)

1. 빠른 시일 안에 해당 업무에서 원하는 성과를 낼 수 있는 사람

자신이 지원한 분야에서 요구하는 기본적인 업무 역량을 갖추었는지에 관한 내용이다. 원하는 성과라고 해서 무조건 처음부터 베테랑급 실력을 갖추어야 한다는 얘기가 아니라, 해당 업무를 수행해 낼 수 있는 기본적인 자질과 스킬을 갖추고 있어야 한다는 얘기다. 예를 들어 재무회계 분야를 지원한 지원자라면 기본적으로 숫자에 강하고, 숫자로 이루어진 복잡한 표에 현기증을 일으키지 않으며, 엑셀이나 엑세스 등 OA를 다루는 실질적인 능력을 갖추고 있어야 한다는 것이다. 전산회계 자격증도 취득해 두면 활용도가 높고, 다른 어떤 분야보다 학점이 중요하므로 관련 전공학점은 기본적으로 B이상 유지하도록 학업에도 게을리하면 안 된다. 자신의 전공에서 가능한 직무 분야를 정하고, 해당 직무에 필요한 업무 역량이 어떤 것인지 파악하고 나서 체계적인 계획을 세워 하나하나 공략해 나가는 전략이 필요하다.

2. 조직 친화적인 인성의 소유자

어떤 기업에서건 사람을 뽑을 때 가장 중요하게 생각하는 것이 바로 인성에 대한 부분이다. 조건이 갖추어지지 않은 사람이 인성이 훌륭하다고 무조건 채용되는 것은 아니지만, 다른 조건을 모두 갖추었어도 인성 때문에 면접관의 우려를 사 불합격되는 사례도 많다. 신입다운 자세로 예의 바르게 행동하는 사람을 예뻐하지 않을 선배는 없다. 반대로 매사 시큰둥하게 고작 이런 단순한 업무를 하려고 어렵게 입사한 것이 아니라는 태도로 일관하는 사람에게 일을 가르쳐 주고 싶어 하는 선배는 없다. 일도 못 배우고 곁에 사람도 없는 고독한 직장생활을 견뎌야 하는 것은 물론이고, 결국 여기는 내가 있을 곳이 아니라며 조직을 떠나는 결말이 기다리고 있을 뿐이다. 이런 사람은 시간이 흘러 상사가 되어도 문제다. 과거에는 천상천하 유아독존형 상사라도 카리스마가 있는 것으로 받아주는 아랫사람이 있었지만, 요즘에는 그런 상사 밑에서 인간적인 모욕을 감수하며 버텨 낼 부하직원이 없다. 모든 것이 팀 단위로 관리되고 평가받는 최근의 조직에서는 밑에 일 잘하고 능력 있는 부하직원이 있어야 팀 실적이 올라가고 고과도 좋아진다. 능력 있는 부하직원을 두어야 상사가 빛나는 시대가 되었는데, 인간성 나쁜 상사 밑에는 능력 있는 부하직원이 있고 싶어 하지 않는다. 그저 상사 말만 잘 듣는 고분고분한 무능력한 부하직원이 남아 있을 뿐이다. 신입 때만 해당되는 얘기가 아니라 조직 생활에서 인성이 중요한 이유가 바로 여기에 있다.

3. 진정으로 우리 회사에 입사하고 싶어 하는 사람

비슷비슷한 스펙의 지원자 가운데 합격자를 선별하는 기준으로 가장 중요한 역할을 담당하는 항목이다. 입사하고 싶은 마음이 간절하면 준비하는 자세가 달라질 수밖에 없고, 간절한 만큼 노력을 배로 하게 되어, 결국에는 결과에도 영향을 미친다. 회사에 대해 더 알고 싶고, 시간과 노력을 투자해도 아깝지 않고, 이 회사에 입사하지 못하면 죽을 것만 같아서 죽기 살기로 공부하고 준비하고 매달리는 것이다. 좋아하는 사람이 생겼을 때와 같은 반응이다. 지원할 회사는 되도록 빨리 정하는 것이 준비하는데 도움이 되지만, 늦어도 3학년 때까지는 정해야 한다. 5개 회사를 입사 우선순위에 정하되, 자신의 스펙을 분석해 합격 가능성 있는 기업을 집중적으로 공략하는 전략이 유효하다. 기억해야 할 것은, 지원할 때마다 회사의 요구에 자신을 끼워 맞추려 하기보다는, 80점짜리 스탠더드 인재가 되고 나서, 나머지 20%를 해당 기업에 맞는 인재로 그레이드-업 전략을 구사하는 것이 효과적이라는 사실이다.

4. 자신이 지원한 직무에 열정으로 무장된 사람

자신이 지원한 분야에 열정으로 무장된 사람은 어떤 조직의 사람과 일을 하더라도 빠른 시일 안에 원하는 성과를 낼 수 있고, 조직 내에서의 기여도가 높아져 저절로 조직 친화적인 사람이 된다. 열정은 그저 마음먹는다고 저절로 나오는 것이 아니라, 자신이 정말 하고 싶은 일을 하고 좋아하는 일을 할 때, 그 결과물로 얻어지는 것이다. 가만히 앉아서 자신이 정말 좋아하고 원하는 일을 만나게 되는 경우는 없다. 모르는 일을 배우고 익히는 과정에서 눈이 뜨이고 알게 되며, 아는 만큼 보이고 보이는 만큼 얻게 되는 것이 열정이다. 알기 위해 노력하고 볼 수 있는 눈을 기르기 위해 공부하고 연마해야 한다. 결국 이런 노력의 결과물로 열정이 생겨나는 것이다.

열정의 또 다른 이름은 프로페셔널이라 할 수 있다. 자신이 보유한 스킬과 역량으로 일반적인 수준의 노력을 하는 사람이 직업인이라면, 스킬과 역량에 열정이 더해져 프로페셔널이 되는 것이다. 누구나 직업인이 될 수는 있지만 아무나 프로페셔널이 되는 것은 아니다. 그래서 작은 일을 하더라도 열정적으로 해야 프로가 될 수 있고, 프로가 되려면 경쟁자와 차별화되는 노력이 필요하다.

5. 쉽게 이직을 하지 않을 사람

어렵사리 들어간 회사를 옮길 때는 그만한 이유가 있겠지만, 이직이 잦아지면 아무리 그럴만한 사정이 있더라도 그 책임은 개인에게 돌아온다. 이직이 잦다는 이유만으로 자신의 역량과 상관없이 무능력한 사람으로 평가받고, 취업 기회가 현저하게 줄어들 뿐 아니라, 기회가 온다 하더라도 형편없는 회사일 가능성이 크다. 직장 경험이 없는 신입 시절에는 직접적인 비교 대상이 없다 보니, 회사를 떠날 정도의 심각한 상황이 아닌데도 회사를 옮기게 되고, 한번 회사를 옮기면 비교적 쉽게 두 번째 이직으로 이어지는 경우가 많기 때문에 정말 신중에 신중을 기해야 한다. 아무리 좋은 학교를 나오고, 영어 점수가 높고, 다양한 자격증을 갖춘 사람이라도 이직이 잦은 사람은 채용을 꺼리게 되는데, 우리 회사에 와서도 금방 그만두지 않을까 하는 우려 때문이다. 이직은 좋은 학교를 나오고, 영어 점수를 높이고, 어려운 자격증을 취득하는 것보다 더 커리어 관리에 직접적인 영향을 미치기 때문에 신입 시절부터 이직 관리에 철저해야 한다. 단, 요즘 같이 내일을 예측할 수 없는 변화무쌍한 시대에는 20년, 30년 한 회사에 있는 것만이 꼭 능사는 아니다. 물론 연봉도 만족스럽고, 지속적인 기회를 부여받고, 때맞춰 진급도 되고, 비전 있는 회사라면 굳이 옮길 이유가 없겠지만, 이건 아닌데 하면서도 회사를 옮긴다는 자체가 불안하고 현실에 안주하고 싶어서 이직을 하지 못하는 경우는, 경쟁력도 없고 미래에 대한 비전도 없이 그저 현실에 안주하며 살다가 40대 중반에 구조조정 당해서 오갈 데 없는 신세로 전락하게 되는 것이다. 평생 30년 정도 직장생활을 한다고 하면(20대 후반~50대 후반까지), 3회에서 5회 정도 이직하는 것이 적당하고, 한 회사당 근무 연수 3년, 5년, 7년, 10년 주기를 따져서 이직하는 것이 바람직하다.

6. 기타

우리 기업에 꼭 맞는 특성을 지닌 인재를 찾거나 채용하는 보직의 특수성으로 인해, 어떤 특정 스킬을 보유한 사람을 뽑게 되는 경우가 있다. 예를 들면 인도 시장을 공략할 해외영업 직원을 찾는다면 반드시 인도 거주 경험이 있는 사람을 찾는다거나, CPA 자격증 소지자를 찾는 경우이다. 또한, 학력에 상관없이 특정 스킬 하나만을 보고 채용하는 경우로 해커 등이 있을 수 있다. 산업이 고도화될수록 특정 산업군에 해당하는 특정 기술이나 스킬이 필요한 경우가 있는데 니치 마켓(Niche Market)으로서의 가치가 충분하고, 자신을 투자할 만한 가치가 있다고 판단된다면 공략해 보자. 다만, 워낙 시장이 좁고 기술력의 진화가 빠른 분야인 만큼, 타고난 열정과 피나는 노력 없이 그저 틈새시장이라는 장점만 보고 달려들기에는 Job의 비전으로 봤을 때 다소 안정적이지 못한 면이 있으니 자신과의 적합성 여부를 고려해 신중하게 결정해야 한다.

11

독특한 면접 방법을 활용하는 기업

조금 오래된 이야기이긴 하지만 채용공고를 보고 제일 먼저 이력서를 제출한 사람, 밥을 가장 빨리 먹는 사람, 목소리가 큰 사람, 화장실 청소를 잘하는 사람을 채용해서 140개의 계열사와 13만 명의 직원, 연 매출 8조 원의 기업으로 성장한 기업이 있다. 바로 일본 전산의 이야기다. 면접에 참가한 지원자에게 식사를 대접하고 가장 빨리 식사를 마친 사람을 채용했다니 막상 면접에 참가했던 사람들은 이런 황당한 상황을 어떻게 받아들였을까 궁금하다.

일본 전산의 나가모리 시게노부 사장은 왜 이런 방법의 면접을 택했을까? 그는 아마도 짧은 면접 시간 동안 착한 척, 열정이 있는 척, 충성도가 높은 척하는 지원자 중에서 인재를 찾는 것보다 목소리 크고, 밥 빨리 먹고, 화장실 청소라도 즐거이 해내는 시원시원한 성격의 지원자를 선택하는 것이 더 좋은 방법이라는 확신이 있었기 때문에 그런 방법을 도입했을 것이다.

우리나라에도 일본 전산만큼이나 독특한 면접 방식을 사용하는 기업이 늘어나고 있다. 고등학교를 졸업한 졸업생의 대학 진학률이 84%에 이르는 학력 인플레 현상으로 인해 학력이나 출신학교, 학점 등 지원자를 평가했던 요소의 변별력이 감소함에 따라 인재 채용과정에서 면접의 비중이 점차 확대되고 있다. 면접 방법도 구조화를 거쳐 개별 면접관의 사견을 최대한 차단함과 동시에, 프레젠테이션, 집단토론과 같은 면접 기법을 도입하는 등 과학화되고 정교화되고 있다. 또한 기업의 인재상에 맞춰 개별 기업 고유의 면접 방식을 도입함은 물론 획기적이고 독특한 면접 기법을 도입하는 기업이 증가하고 있다.

과거에는 일부 벤처기업이나 중소기업에서 독특한 면접 방법을 활용하는 수준이었으나 최근 들어서는 대기업에서도 이러한 면접 기법을 도입하고 있는 추세이므로 지원기업의 면접 방법을 사전에 숙지하고 면접에 임하는 것이 성공적인 면접을 위한 필수 사항이다.

식품기업 샘표식품의 공채에는 요리면접이라는 독특한 전형과정이 있다. 4~6명씩 팀을 짜서 사내 요리 교실인 지미원(知味園)에서 2시간 안에 요리를 만들어 내는 방식이다. 만들어진 요리의 맛이나 모양보다는 조리 과정에서의 지원자의 열정과 품성을 주로 평가한다. 평소 요리에 관심이 있어서 요리과정에서 주도적으로 요리를 담당한 사람도 좋은 평가를 받을 수 있겠지만, 설거지만 열심히 한 사람도 합격한 사람이 많다는 점을 기억할 필요가 있다.

아시아 1위 재보험사로 탄생한 코리안리도 독특한 신입사원 선발 방식으로 유명하다. 서류전형과 면접을 통해 채용인원의 2배수를 선발한 뒤 일주일 동안 실내면접과 실외면접을 통해 필요한 인재를 선발한다. 실외면접은 등산, 축구 등으로 체력과 인내력 테스트를 하고, 목욕과 저녁식사를 겸한 술자리를 활용하여 인성 테스트를 진행한다. 면접의 핵심 평가요소는 적극성과 도전정신,

협동심, 타인에 대한 배려 등이다. 성공적인 면접을 위해서는 시작부터 마무리까지 집중력을 잃지 않는 것이 중요하며, 운동 신경이 없어서 축구 경기에서 공을 쫓아다니기만 하더라도 즐겁게, 최선을 다하는 모습을 보이는 것이 중요하다.

우리은행에서 시행하는 합숙면접은 특허까지 받은 것으로 유명하다. 지원자에 대한 선입견과 편견을 배제하고 더욱 적정한 평가를 하기 위해 지원자 1인당 35명의 면접관이 면접을 실시한다. 이 면접에서는 자신의 견해에 대해 일관성을 지켜가는 것이 중요하다. 면접관은 지원동기의 진정성과 지원자의 역량을 파악하기 위해 다양한 형태의 질문을 하게 되는데 상황을 모면하기 위해서 혹은 자신에게 유리한 답변을 하기 위해서 선택한 답변이 추후에 자신을 옭아매는 경우가 발생할 수 있으므로 견해의 일관성을 지켜가는 것이 무엇보다 중요하다.

대우조선해양은 면접관으로 심리학 박사가 참석해서 회사에 충성도가 높은 인재를 골라내는 독특한 전형 방식을 채택하고 있다. 면접은 거제도 기숙사에서 1박 2일간 합숙하면서 진행되며, 영어능력평가, 인적성검사, 신체검사 등이 한꺼번에 진행된다.

한국화이자제약은 영업부와 마케팅 신입사원 채용의 경우 독특한 면접 방식을 통해 인재를 뽑는다. 1차 서류심사 합격자를 대상으로 미션방이라고 불리는 2개의 심층 인터뷰 방에서 면접을 진행하고 이 외 임원진 면접까지 모두 통과해야 최종합격증을 받을 수 있다. 미션방에는 기업의 9대 핵심가치인 정직, 혁신, 인간존중, 고객중심, 팀워크, 리더십, 성과, 지역사회, 품질 등의 정해진 주제에 따라 임직원들이 집중 면접을 진행한다.

유기농프랜차이즈 기업인 신시는 철학적 시험 문제와 역면접, 체력 테스트 면접으로 유명하다. 필기시험은 나무와 나비의 상관관계를 문화적, 생태적, 창의적으로 서술하라는 문제와 눈, 코, 입, 해, 달, 별, 칼, 창, 곶, 살, 덫 등은 왜 한 음절인가라는 문제를 냈다. 역면접은 수험자들이 면접관에게 질문하는 방식이다. 면접 후에는 등산면접과 회식면접을 진행한다.

녹십자생명은 식사와 술자리 매너를 본다. 면접관은 지원자와 저녁식사를 하고, 식사 후에는 호프집에서 일상적인 대화를 나누며 지원자의 인성을 평가하는 방식이다.

삼익악기는 악기를 다룰 줄 알면 회사 지원 시 가산점을 받는다. 물론 악기만 잘 다룬다고 취업이 보장되는 것은 아니다. 기본적인 인성과 능력에 더불어 플러스 알파로 연주 실력을 고려한다.

와인 수입업체 금양인터내셔날은 와인 투어를 다녀왔거나 국내외 와인 아카데미를 수료한 지원자에게 채용 시 가산점을 준다. 영어 외에 프랑스어나 이탈리아어, 스페인어 등 와인 산지의 언어를 구사하는 것도 도움이 된다.

그린화재는 독특한 채용공고를 냈다. 학력, 성별, 국적 등에 제한을 두지 않는 대신 학교와 사회에서 괴짜 취급을 받으며 젊은 시절을 보내다가 취업시장에서 소외당하는 사람들을 특별히 우대하겠다는 채용방침을 공개했다. 한마디로 틀에 박히지 않은, 남다른 경험을 한 사람들을 뽑겠다는 것이다. 채용공고에는 세계 각국의 가장 많은 공항에 가본 해외공항 고수, 산에 많이 오른 등산의 고수, 가장 많은 외국인을 만나본 국제적 인간관계의 고수, 가장 많은 결손가정 아이들을 돌본 사회봉사의 고수 등을 환영한다는 내용이 담겨 있다.

세계 각국의 빈민가 어린이들에게 무료로 놀이터를 지어주는 비영리 해외 건설사 '카붐'은 면접 대기 장소를 근무환경과 유사한 '놀이터'로 꾸며 이들이 면접 전 어떤 행동을 보이는지 관찰한다. 그네나 미끄럼틀 등 주변 환경에 관심을 보이며 여유로운 시간을 보낸 사람은 '합격'이지만 서류 가방만 꼭 쥔 채 앉아있는 지원자는 바로 탈락이다.

12

불안 에너지를 관리하고 감성지능을 높여라

최근 국내 경영학 및 심리학, 그리고 기업의 인사를 비롯한 채용장면에서 많이 활용되는 용어 중에 감성지능이란 말이 있다. 감성지능 Emotional Intelligence! 감성지능이라는 용어에서 마치 감정에 대해 상당히 많이 알아야 하거나 감성을 잘 움직여야 할 것 같은 느낌을 받게 되는데, 반드시 그런 것은 아니다. 대다수 지원자가 면접상황에서 불안과 긴장으로 많은 고통을 받고 있고, 일부는 신경 안정제를 복용하는데, 왜 이러한 불안이 생겨나며, 이러한 불안을 어떻게 극복할 것인가라는 질문에 해결책을 찾을 수 있는 좋은 개념이기에 소개하고자 한다.

감성지능을 개발한 다니엘 골먼(Daniel Goleman) 박사는 우리가 가지고 있는 지능을 2가지로 구분하였다. 우리가 평소 잘 알고 있는 사고지능(Thinking brain)은 주로 합리적으로 사고하고 판단하는 기능을 담당하고 있는데, 이 지능은 진화단계에서 비교적 최근에 발달된 뇌라 하여 신뇌(new brain, 신피질 neo-cortex)라고 불린다. 외부에서 시각이나 청각 등의 감각 기관을 통해 전달된 정보들을 이성적이고 합리적으로 분석하여 처리하게 된다. 이것이 인간의 뇌와 동물의 뇌의 차이가 있는 지점이다.

한편, 이런 신뇌가 발달하기 이전부터 가지고 있던 원시뇌가 있는데, 이것이 소위 감성지능(Emotional Brain)이라고 불리는 것이다. 감성지능은 동물의 뇌와 상당히 유사한데, 외부에서 주어진 자극에 대해서 이것이 위협적인 정보인가 아닌가를 순간적으로 판단해, 공격-회피 반응(fight or flight)을 일으킨다. 이 공격-회피 반응은 매우 빠르게 일어나는데, 신피질의 사고지능이 처리하는 시간의 몇백 배 빠르게 일어난다.

감성지능 활성화가 빠르게 일어나기 시작하면, 사고지능에서 이성적이고 합리적으로 처리할 수 있는 정보처리능력은 현저하게 떨어지게 되는데, 이때 사고마비(amygdala hijack) 현상이 일어나는 것이다. 지원자가 경험하는 불안과 긴장이 한 번 일어나면 쉽게 사라지지 않는 이유가 바로 여기에 있다. 특히 면접 장면은 이러한 감성지능이 매우 활성화되는 장면이다. 면접이라는 상황은 극도의 긴장과 스트레스를 일으키는데, 여러 가지 주관적인 생각과 해석들을 동반한다. 면접장면이 긴장을 주는 당연한 이유는, 이 면접을 통해서 합격, 불합격이 결정되는 상황이고, 면접관이 어떤 질문을 할지 모르기 때문이다. 따라서 어느 정도의 불안과 긴장이 있어야 자연스러우며, 개인 차이가 있지만 불안과 긴장이 전혀 느껴지지 않는다면 이 또한 그리 좋은 현상이라고 해석하기는 어렵다.

면접의 관건은 이렇게 일어나는 면접불안을 어떻게 관리할 것인가이다. 재미있는 것은 지원자뿐만 아니라 면접관도 이러한 불안을 자주 경험하게 된다. 면접관은 사람을 인터뷰하고, 선발하는 사람인데 도대체 왜 이 사람들이 긴장

할까라고 생각할지 모르지만, 면접에 익숙하지 않은 관리자가 가장 걱정하는 것은 지원자에게 '무슨 질문'을 '언제', '어떻게 할까'이다. 면접관 역시 한번 불안이 시작되면, 갑자기 긴장을 하게 되고 그렇게 되면 면접에 집중하기보다 '지원자가 자신을 어떻게 바라볼까' 걱정하게 된다. 불안감정과 부정적 자기인식의 자동적 사이클이 돌기 시작하면, 아무리 면접관이라도 지원자 앞에서 불안과 긴장을 감추지 못하게 된다.

그러면 지원자는 이런 면접불안을 어떻게 관리해야 하는가?

❶ 면접 결과에 대한 여러 가지 기대나 생각들을 자연스럽게 받아들이는 것이다. 실패할지도 모른다는 생각, 성공했으면 하는 기대 등은 모든 지원자가 면접에서 갖는 당연한 생각이라고 인정하는 것이다. 나 혼자만 갖는 생각이 아니니, 특별하게 생각하지 말고 그냥 그런 생각이 드는구나 하고 자연스럽게 받아들이고 흘려버리는 습관을 길러야 한다.

❷ 면접 결과에 대한 생각을 흘려버리고 '나'에 대해 집중하고 구체화하는 것이다. 즉 내가 이 회사에 입사해야 하는 이유, 이 회사를 통해 내가 이루고자 하는 꿈이 무엇인지 좀 더 명확히 정의할 수 있도록 구체화하는 것이다. 대학생활을 통해 쌓아온 경험이 무엇인지, 그러한 경험을 통해서 습득한 지식과 기술, 교훈적 가치가 무엇인지, 나를 잘 설명할 수 있도록 집중해야 한다. 면접관에게 잘 보이기 위해서 라기 보다는 내가 나를 좀 더 잘 이해하고, 나 스스로 내가 누구인지 분명하게 설명할 수 있도록 하는 것이다.

❸ 지원한 회사나 직무가 무엇을 요구하는지 스스로 관심을 갖고 질문하거나 혹은 기회가 주어진다면 면접관에게 질문을 하는 것이다. 내가 해야 할 일이 무엇이고, 이 회사가 직원들에게 기대하는 행동이, 기술이 무엇인지를 끊임

없이 호기심을 갖고 대응하는 것이다.

❹ 면접관의 반응과 기대를 정확히 파악하는 것이다. 우리가 파악할 수 있는 정보는 매우 제한적이어서, 일반적인 내용에 지나지 않거나 특정 상황에 국한되어 있을 가능성이 크다. 면접관만이 정확한 정보를 가지고 있으며 그러한 상황에서 '어떤 사람'을 채용해야 할지에 대한 기준 또한 가지고 있다. 따라서 면접관의 의도나 기대가 불분명한 경우, 그것을 파악하기 위해 질문을 좀 더 정확히 해 달라고 요청할 필요가 있다. 그러나 2번 이상 질문하는 것은 부정적 감정을 불러일으킬 수 있으니 가급적 피하는 것이 좋고, 상황상 필요하다면 자신이 이해한 것이 맞는지를 물어보는 방식으로 확인하는 것이 좋다.

감성지능이 높은 지원자는 면접 장면에서 자신에게 일어나는 감정적 변화를 잘 인식하고, 자신의 강점과 약점을 솔직히 인정할 수 있는 능력이 있다. 자신의 감정적 변화뿐 아니라 면접관 또는 동료지원자의 감정적 변화를 잘 인식할 수 있으며, 이에 대해 적절하게 대응하는 능력을 보유하고 있다. 지나치게 결과에 집착하고 논리적이고 분석적이려고 하면 면접이라는 상황과 면접관의 감정적 변화를 정확하게 인식하기 어려워지므로, 불안을 잘 관리하는 것이 면접 성공을 위한 하나의 열쇠라는 것을 잊지 말아야 한다.

감성지능을 잘 활용하지 못해, 불안감정을 관리하지 못하는 지원자의 행동

❶ 불안과 긴장이 지나쳐 몸을 떠는 행동

❷ 자기소개를 외워서 말하는 것이 티가 나는 행동

❸ 질문에 대해 외운 것을 얘기하기 위해 생각을 짜내는 인상

❹ 다른 지원자를 무시하는 발언을 하거나, 자기중심적인 태도를 보이는 행동

❺ 면접관의 말이 끝나기 전에 자신이 준비한 말을 쏟아내는 행동

❻ 면접관의 의도를 정확하게 이해하지 못한 채 자기 말만 하는 행동

❼ 초기 단계에서뿐 아니라 면접 중반이나 끝까지 목소리 톤이 평소보다 지나치게 큰 경우

Worst **감성지능을 잘 활용해, 상황을 잘 이해하고 대응하는 지원자의 행동**

❶ 자신이 준비한 내용을 면접관의 눈치를 보면서 조절하는 행동

❷ 면접관의 의도가 불분명할 때, 답변을 잘할 수 있도록 질문의 의도를 다시 한 번 말씀해 달라고 요청하는 행동

❸ 얘기를 하다 중간에 막힌 경우, 죄송하다는 표현과 함께, 재빠르게 자기 생각을 다시 정리해서 전달하는 행동

❹ 자기 능력이 부족하거나 답변을 하기 어려울 때, 솔직하게 자기의 약점을 인정하고, 그것을 만회하기 위해서 하고 있는 노력이나 활동에 대해 진지하게 얘기하는 행동

❺ 다른 지원자를 격려하거나 분위기를 띄우기 위한 도움 주기를 하는 행동

Advice **감성지능을 높이기 위한 역량중심 자기소개서 작성(6가지 핵심질문) 자기인식과 목표직무에 대해 명확하게 이해하기 위해 최소 A4 1장 정도는 작성해야 한다.**

질문 1 자신의 경력 목표에 대해 기술하고, 지원하는 회사가 자신의 경력 목표에 어떤 의미가 있는지 간단히 작성하십시오.

질문 2 살아오면서 힘들었던 의사결정이라고 생각하는 것 5가지를 기록하고, 그 중 가장 힘들었던 의사결정이 무엇이었으며, 그 의사결정을 통해 배운 것은 무엇인지 기술하십시오.

질문 3 리더로서 역할을 수행한 경험을 5개 이내로 기록하고, 그중에 자신에게 가장 의미가 있었던 리더 활동에 대해 구체적으로 기술하십시오. 특히 리더로서 어떤 활동을 하였으며 그 중 가장 성공적이었던 경험과 실패였다고 생각하는 경험을 기술하십시오.

질문 4 인생을 살아가면서 많은 성취와 실패를 경험했을 것입니다. 그중 가장 성공했다고 생각하는 경험 5가지를 기록하고, 그중 가장 우수한 성취라고 생각한 경험을 한 가지 골라 구체적으로 기술하십시오. 이 성공을 통해서 자신이 어떻게 변화되었습니까?

질문 5 사람은 모두 개성이 있습니다. 여러분은 자신의 개성이 무엇이라고 생각합니까. 자신이 다른 사람과 차별화된 특징 5가지를 적고, 이 중 지원자로서 강점이라고 생각하는 것이 무엇입니까?

질문 6 현재 지원한 직무/위치에 필요한 지식과 스킬이 무엇이라고 생각하는지 10가지를 기록하십시오. 한편 여러분이 그동안 쌓아온 지식이나 스킬 중 자신 있는 5가지를 기록하십시오. 그중 가장 자신 있는 한 가지를 골라 어떻게 학습했는지, 그리고 그 결과가 어떠했는지를 구체적으로 기술하십시오.

면접질문 Ver.1

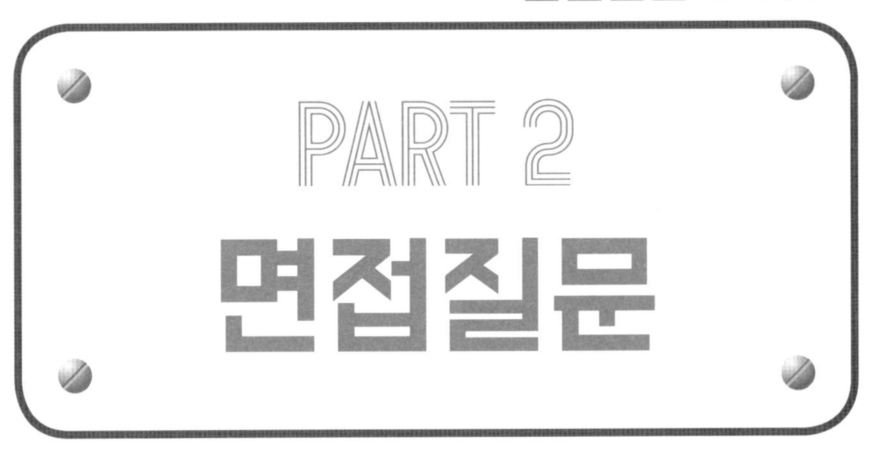

실전 면접에서 출제되었던 최신 기출 질문과 모든 예상 문제를 종합하여 총 약 100가지 질문으로 구성하였다. 각 질문에 적합한 BEST&WORST 답변과 질문에 대한 공략법을 제시하여 면접의 자신감을 불어 넣어준다.

00

면접 전날부터 퇴실까지

1. 면접 준비

홈페이지나 인터넷 자료로 가늠하기 힘든 회사 분위기를 간접적으로 경험할 수 있는 것이 면접이다. 면접을 통해 회사 분위기와 경영진의 마인드, 비전을 가늠할 수 있고 다른 회사와 비교할 수 있는 눈이 생긴다. 이 과정에서 포착된 자신의 강점과 약점을 보완해 실수를 줄임으로서 합격 가능성을 높일 수도 있다. 내키지 않는 회사 면접에 참석을 고민하는 경우가 있는데 이런저런 이유로 면접을 가리다 보면 정작 원하는 회사 면접에서 지나치게 긴장하거나 준비 소홀로 기회를 놓치는 경우가 있으므로 가능한 많은 기회를 통해 다양한 면접 경험을 쌓는 것이 좋다. 합격 통지를 받는 그날까지, D-데이 전후로 해야 할 일과 유의해야 할 사항들을 점검하고 짜임새 있게 준비하도록 하자.

■ 면접 복장

면접에 대비해 가장 먼저 준비해야 할 것이 의상과 구두다. 시즌이 시작되고 정신없이 지원하고, 인적성 치르다 보면 준비를 마치기도 전에 갑자기 면접을 보러 가야 할 때가 있다. 그때 부랴부랴 준비하면 급하게 구색을 맞춘 복장이 마음에 들지 않아 다시 준비해야 하는 경우가 있다. 이런 불상사를 막기 위해 의상과 구두는 시간을 두고 여유 있게 알아봐야 하며 그래야 더 싸고 품질 좋은 제품을 데려올 수 있다.

정장: 검정 또는 감색, 진한 회색 정장이 무난

셔츠: 흰색 또는 블루계열, 옅은 핑크톤이 적합

넥타이: 밝고 활기찬 느낌의 색상이 좋고, 복잡하고 형이상학적인 문양은 지양

여성의 경우 스커트나 바지 모두 가능하다. 지나치게 화려한 색상이나 레이스 달린 여성스러운 원피스는 자제하는 것이 좋다.

■ 화장

2030 세대들은 자신에게 맞는 화장법이나 화장품에 대해서는 이미 전문가 수준으로 알고 있어 특별히 걱정할 것은 없다. 다만, 짙은 색조 화장은 피하고 수수하고 단정한 가벼운 화장이 면접에는 제격이다. 근래에는 남성들도 화장을 하는 경우가 있는데 아직 대다수의 남성이 티가 날 정도의 화장을 하진 않기 때문에 다른 지원자와 비교될 정도로 짙은 파데는 아무래도 낯설다. 평소에는 얼굴 전체에 하더라도 면접 때는 보정하고 싶은 부위만 파데로 살짝 가려주는 정도의 가벼운 터치로 마무리하자.

진한 화장 및 매니큐어, 화려한 액세서리는 금물

No Make up은 무성의해 보인다. 가벼운 화장으로 생기 있는 얼굴을 연출하자.

남성은 맨얼굴이 더 좋고 파데를 하더라도 특정 부분만 살짝 보정하는 정도로 가볍게 터치

■ 헤어스타일

면접 준비에 있어 '면접 복장' 다음으로 많은 비용이 소요되는 부분이 '헤어/메이크업'이다. '면접 복장'은 한번 마련하면 합격될 때까지 반복 활용이 가능한 반면, '헤어/메이크업'은 1회성에 그쳐 지속적으로 비용 발생이 우려되는 항목이다. 따라서 긴 머리는 단정하게 묶고, 어중간한 길이는 깔끔하게 다듬으면 취업 준비생의 헤어스타일로는 더할 나위 없다. 면접날 새벽부터 헤어 메이크업을 받느라 허둥대지 말고 자신에게 어울리는 단정한 스타일로 마무리하자.

진한 염색, 화려한 펌, 치렁치렁하게 늘어뜨린 머리 모양은 금물

헤어젤이나 스프레이 등 헤어 제품 과다 사용도 자제

과한 웨이브나, 세팅된 머리, 요란한 올림머리는 지양

2. 면접 전날

■ 면접 복장

저녁에 미리 한번 입어보고 옷매무새를 최종 점검한다.

■ 자기소개

준비한 자기소개를 미리 소리 내어 복창하고 실전에 대비한다. 어색한 문장은 없는지, 짜임새 있게 전개되는지 최종 점검하고, 자기소개에 이어 나올만한 후속 질문에도 대비한다.

■ 수면

저녁 약속은 피하고, 술도 삼간다. 잠이 오지 않는 경우 침대에 누워 눈을 감고 명상을 한다. 잠이 오지 않는다고 스마트폰을 보게 되면 수면에 방해가 되니 사용을 자제해야 한다. 알람을 설정하고 가족들에게 깨워달라고 부탁하고 혼자 자취하는 경우 알람 설정 외에 다른 지역에 있는 가족에게 모닝콜을 부탁한다. 최악의 경우 밤을 새더라도 다음날 면접 끝나고 자면 된다는 마음으로 여유를 갖는 것이 좋다. 꼭 잠을 자야 한다는 강박이 오히려 수면을 방해할 수 있으니 다음날 꿀잠을 생각하며 마음을 내려놓자.

3. 면접 당일

■ 기상

일찍 일어나 여유 있게 준비하며 인터넷 기사 등을 검색해 본다. **신문을 챙겨보면 '오늘 아침 톱기사는 무엇인가?' 등의 질문에 대비할 수 있어 든든하다.** 식사는 기호에 따라 하되, 너무 무겁지 않도록 유의한다. 면접 장소에는 예정 시간보다 최소 30분 일찍 도착한다.

■ 대기실

〈바람직한 태도〉

– 밝고 편안한 미소 띤 얼굴과 예의 바른 태도

– 조용히 순서를 기다리며, 자기소개 등 면접 준비하기

– 주변 지원자들이나 같은 조에 배정된 지원자들과 가볍게 인사하며 차분하게 소통한다.

〈부적격 태도〉

– 지나치게 여유 있는 태도로 다른 지원자와 크게 이야기하기

– 전화를 하거나 문자 메시지 보내기

– 다리를 꼬고 앉거나, 삐딱하게 앉아 있기

– 회사의 담당자에게 농담을 건네거나, 전형 관련해서 지나치게 상세하고 걱정스러운 어조로 질문하기

– 대기 시간에 밖에 나가서 흡연하는 행위

화장실은 물론, 회사 근처 카페나 전철에서도 전화 통화나 언행에 주의해야 한다. 나는 모르지만 면접장 외 장소나 전철에서 면접관을 조우할 수 있고 유난히 긴장한 어색한 복장의 지원자를 면접관은 한눈에 알아본다. 면접 당일은 개인적인 전화 통화는 물론이고 매사 조심하고 예의 바르게 행동해야 한다.

4. 면접장에서

■ 면접 태도

〈바람직한 태도〉

- 바른 자세와 밝고 활기찬 태도
- 면접관을 바라볼 때 초롱초롱한 눈빛과 겸손한 미소를 유지할 것
- 질문을 받았을 때는 또박또박 크게 말한다.
- 네, 아니오 등 대답은 확실하게 한다.

〈부적격 태도〉

- 굳어진 표정과 딱딱한 태도
- 소극적인 답변과 얼버무리는 말투
- 다른 지원자가 답변하는 동안 엉뚱한 곳을 바라보거나 시큰둥한 반응을 보인다.
- 모든 질문에 웃음으로 무마하거나, 공격적이거나 울먹이는 태도

■ 자기소개

자기소개는 대개 1분 이내로 하게 되는데, 본 면접에서 탐침 질문으로 이어지므로 화려하지 않더라도 있는 그대로의 자신을 이야기하는 것이 바람직하다. 간혹 자신을 사물에 빗대어 얘기하는 경우가 있는데 예를 들어, "저는 커피와 같은 사람입니다. 에스프레소를 넣으면 아메리카노가 되고 우유를 넣으면 라떼가 되는 것처럼 누구와도 잘 어울리는…."라는 식이다. 나무와 같다거

나 돌과 같다거나 전혀 연결고리 없는 사물에 빗대 자신을 표현하는 경우가 있는데 2000년대나 있을법한 의미 없고 낡은 콘텐츠이므로 절대 지양해야 한다.

■ 질문과 답변

질문하는 면접관의 분위기에 휩쓸리지 않도록 유의한다. 면접관이 딱딱하고 못마땅한 표정을 지었다고 해서 같이 인상이 굳어지거나, 편안한 분위기를 조성한다고 해서 긴장을 풀고 가볍게 임해서는 안 된다. 또 면접관이 자소서 읽느라 눈을 맞추지 않는다고 해서 위축될 필요도 없다. 면접관의 표정이 결과로 이어지는 것은 아니니 면접관의 사소한 말 한마디, 제스처 하나에 휘둘리지 말고 소신껏 준비해온 것을 하면 된다.

■ 퇴실

단정한 태도로 일어나 자신이 앉았던 의자를 살짝 정리하는 제스처를 취하고, 가벼운 걸음으로 면접장을 나온다. 문 앞에서 가볍게 목례하는 느낌으로 면접관에게 인사하고 면접장을 빠져나온 뒤 문밖에서 대기하고 있는 회사 관계자들에게도 '수고하셨습니다.'라는 말과 함께 가볍게 인사하고 안내에 따른다.

Q01

1분 이내로 자기소개를 해 보십시오.

안녕하십니까? 공학도로서 사람들에게 도움이 되는 기계를 만들어보고자 지난 4년간 캐드실에서 땀 흘려온 지원자 A016번입니다. 기계 수리 일을 하시는 아버님의 영향을 받아 기계를 전공하면서, 하드웨어뿐만 아니라 시스템을 통합하는 소프트웨어에도 관심을 가지고 공부했습니다. 최상의 기계 제조 환경 조성을 위해 전기, 전자, 화학 등 전 분야에서 유기체적인 반응을 결집하고 이를 시스템적으로 통합하는 멀티플 엔지니어로서의 기본 소양을 갖추려고 노력했습니다. 기술 본위의 시스템 경영을 추구하는 ○○사에서 조직의 발전에 도움이 되는 엔지니어가 되고 싶습니다.

Advice

면접관은 지원자가 자기소개를 하는 동안 지원자의 서류를 다시 한번 체크하면서 자기소개에 나온 내용을 토대로 지원자에게 던질 질문을 결정한다. 자기소개에 등장한 내용의 상당 부분이 곧바로 질문으로 이어질 수 있으므로 후속 질문에 대한 답변도 함께 준비해야 한다. 자기소개는 자신의 전공이나 지원

분야, 관련 활동을 연계한 깊이 있는 내용도 좋고, 외모나 가치관, 평소의 생각 등을 소재로 한 재미있는 내용도 괜찮다. 자기소개는 자신감 있게 하는 것이 중요하고, 핸드폰 영상으로 촬영해서 자신의 모습과 목소리, 말의 속도 등을 검토해보는 것도 실전에 많은 도움이 될 것으로 생각된다. 또 영어자기소개는 기본으로 준비해 둘 것을 추천한다. 채용직무에 영어가 필요한 경우 돌발적인 영어 질문을 받을 수 있기 때문이다. 공공기관은 영어 인터뷰가 있을 경우 사전에 공지하는 것이 일반적이다.

〈자기소개 시 호감도를 떨어뜨리는 표현〉

'배워서 남 주자는 가치관을 갖고 있다', '선한 영향력을 끼치는 삶을 추구한다', '공익을 위해 봉사하고자 하는 마음이 강하다', '엄격하신 아버님과 자상하신 어머님 아래서 자랐다', '장남(장녀)로 태어나 어릴 때부터 책임감이 강했다', '뽑아만 주신다면 무슨 일이든 열심히 목숨 바쳐 일하겠다', '지금은 답변을 못했지만 면접을 마치고 완벽히 숙지하겠다'.

Q02

본인의 장단점은 무엇이라고 생각하나요?

장점은 지적 호기심이 많다는 점입니다. 자연과학이나 인문, 사회과학 등 특정 분야에 관계없이 새로운 트랜드나 지식, 학문을 받아들이는 데 거리낌이 없고, 지적 탐구에 부지런한 편입니다. IT기술변화나 영화나 음악, 미술 등 다양한 분야에 관심이 있어 자연스럽게 나이나 지위에 관계없이 폭넓은 교류를 하는 편입니다. 그런 이유에서인지 모임에서도 중심적인 역할을 하는 편이고, 조정자 역할이 주어지는 편입니다. 단점은 예민한 성격을 들 수 있습니다. 예민하다는 점이 섬세하게 상대의 의견을 경청할 수 있는 장점이 되기도 합니다만 구성원들의 말 또는 전체적인 분위기에 예민하게 반응하다보면 중심을 잃을 수 있는 경우도 있어서 단점으로 생각하고 있습니다. 단점을 인지하고 있다고 해서 하루아침에 고칠 수는 없겠습니다만 충분히 경청하고, 제 나름대로 신중히 판단하고 결정 한 것에 대해서는 단호함을 유지함으로써 이를 보완하려고 노력하고 있습니다. 조직에서도 저에게 주어진 역할에 충실하면서 상대를 배려하는 자세를 갖도록 노력하겠습니다.

밝은 성격으로 친화력이 있어서 제 주변에는 항상 좋은 사람들로 넘쳐납니다. 학창시절 친구들과 동호회, 아르바이트 과정에서 만난 주위 사람들과 어울리면서 저의 부족한 면을 보완하려고 노력하고 있습니다. 단점은 고집이 센 편입니다. 그래서 무언가에 대해 대화를 할 때 저의 의견을 주장하기 보다는 상대의 의견을 존중하려는 마음을 갖으려고 항상 노력하고 있습니다.

Advice

자기소개 다음으로 자주 등장하는 질문이다. 면접관은 단점에 더 예민하게 반응하는 편이므로 장점보다는 단점에 더 공을 들여 준비해야 한다. 단점이라도 있는 그대로를 솔직하게 말하는 것이 좋으며, 합당한 이유를 말하고 적극적인 개선 의지를 전달한다면 부정적인 평가로 흐르는 것을 방지할 수 있다. 자신의 단점을 지나치게 솔직하게 표현하는 것, 어느 수준 이상의 한계를 벗어나는 표현은 피해야 한다. 이는 자칫 면접관에게 부정적인 이미지나 선입견을 줄 수 있으므로 주의해야 한다. 다만, 장점에 슬쩍 묻어가거나 단점 같지 않은 말장난에 가까운 단점을 말하는 것은 오히려 매력을 떨어뜨릴 수 있으므로 유의해야 한다.

Q03

다른 사람에게 절대로 지지 않을 자신만의 강점이 있나요?

❶ 메모하는 습관입니다. 가벼운 일상이나 문득 떠오른 아이디어, 꼭 해야 할 일에 대해 메모를 합니다. 휴대폰 메모 펜 기능이 잘 되어 있어서 따로 시간을 내지 않아도 되고, 순간의 기억을 놓치지 않아 꼭 해야 할 일을 잊지 않고 실행하게 되어 단순히 메모하는 것에 그치지 않고 계획성 있고 실천력 있는 사람으로 만들어 줍니다.

❷ 집요함입니다. 제가 하겠다고 마음먹은 일은 어떤 난관이 있어도 집요하게 몰입하는 편입니다. 최선을 다하지 않고 결과에 아파하기 보다는 최선을 다하고 결과에 후회하지 않습니다. 인간관계에서도 집요한 편입니다. 관계가 불편하거나 저를 인정하지 않는 상대가 있더라도 길게 내다보고 관계를 개선하기 위해 최선을 다하는 편입니다. 처음에 인정받지 못했다고 좌절하기보다는 인정받기 위해 개선하고 노력하면 그만큼 저는 발전하기 때문에 끝내 편한 사이가 되지 못하더라도 개선된 모습에 자긍심을 가집니다.

Advice

차별화된 자신만의 전략을 묻는 질문은 긴장된 면접 자리에서 자신을 어필할 수 있는 좋은 기회이다. 조직생활에서는 무엇보다 자기관리가 중요하므로 남에게 지지 않을 비장의 무기가 있다면 조직생활에서도 단연 빛을 발할 수 있다. 한국 특유의 조직문화를 생각한다면 춤 잘 추는 것, 노래를 잘하는 것, 하물며 술이 센 것도 자신만의 무기가 될 수 있다. BEST 답변 모두 업무에서 시너지가 날 만한 키워드라 공감이 가고, 평범하지만 일상을 크게 벗어나지 않고 꾸준히 실천한다는 점에서 설득력을 얻고 있다. '성실함', '도전정신', '열정', '창의력'이라는 막연하고 진부한 수식어는 더는 비장의 무기가 될 수 없다.

Q04

자기소개서에 적극적 성격이라고 했는데 구체적인 사례를 들어 보세요.

가로등 문제로 구청 시설과에 연락한 적이 있습니다. 저희 동네가 외진 편이어서 밤에 가로등이 없으면 많이 어두운데, 며칠째 가로등이 꺼져 있어 구청 시설과에 연락해 ○○동 ○○번지 일대 가로등이 며칠째 불이 꺼져 있으니 조치해 달라고 요청했습니다. 시설과 직원분이 민원이 들어오지 않아 미처 몰랐다며 서둘러 조치하겠다며 거듭 사과를 하셨습니다. 얼마 후 가로등이 켜지고 동네가 밝아져서 기분이 좋았고, 저의 노력으로 현재의 상태가 개선되었다는 점에서 더욱 보람이 있었습니다. 번거롭고 수고스럽더라도 기존의 방식이 잘못되었다면 적극적으로 개선하고자 노력하는 편입니다.

Worst

어학연수로 캐나다에 갔을 때, 인근 지역에 한국 사람이 아무도 없는 상황에서 부족한 영어 실력으로 혼자 일자리를 구하고, 못하는 영어지만 손짓 발짓 써가면서 손님들에게 친절하게 한 결과, 가게에 저 때문에 단골손님도 생기고 많은 친구들도 사귈 수 있었습니다.

Advice

이력서나 자기소개서를 베이스로 한 질문은 면접 질문의 성지라고 할 만큼 절대 빠지지 않는 필수 질문이므로 작성한 내용을 사전에 충분히 숙지하고 면접에 임하는 것이 좋다. 이력서와 자기소개서는 면접관이 지원자를 파악하는 기초자료가 되는데, 이 질문에 버벅거리는 사람은 준비가 덜 된 사람이거나, 자신의 것이 아닌 것을 그저 글로만 번듯하게 꾸며서 작성한 것으로 판단할 수 있으므로, 그럴싸한 내용도 좋지만 무엇보다 자신의 이야기를 담아내는 것이 중요하다. 존경하는 사람의 이름이나(외국 사람을 인용한 경우는 이름을 기억하지 못하는 지원자가 허다하다.) 소신이나 철학(마음의 울림 없이 그저 번듯해 보여서 쓴 문구), 지원 분야와 관련된 활동 등은 질문에 나올 가능성이 높으므로 특히 유의해서 써야 한다. 자기소개서에 등장하는 내용을 베이스로 수십 가지 질문을 만들어 낼 수 있으니, 이어지는 후속 질문에 대해서도 미리 연습해 두면 현장에서의 긴장감을 덜 수 있을 것이다.

〈이 질문에 관련된 후속 질문〉

"자기소개서에 ○○라고 했는데, 구체적인 사례를 들어 보세요."

"4학년 때 했던 프로젝트에 대해서 구체적으로 설명해 보세요."

"존경하는 분이 ○○라고 했는데 어떤 점에서 존경스런 마음을 들었나요?"

"좌우명이 ○○라고 했는데 그것을 지키기 위해 노력한 것이 어떤 것이 있나요?"

자신을 한마디로 표현해 보세요.

저를 한마디로 표현한다면 '처음처럼'이라고 말씀드릴 수 있습니다. 저는 초심을 잃지 않기 위해 노력하고 있고, 변함없고 꾸준한 것을 최고의 가치로 여기고 있습니다. 와인처럼 고급스럽지 않고, 위스키처럼 독하지 않지만 서민적인 소주처럼 늘 한결같고 변함없는 사람이 되고 싶습니다.

Worst

저를 한마디로 표현한다면 SMART한 사람입니다. S, Sincerity 저는 성실한 사람입니다. M, Moral 도덕적이고, A, Active 활동적이며, R, Resolution 결단력이 있으며, T, Temperance 절제할 줄 아는 사람이라고 말씀드릴 수 있습니다.

Advice

면접을 보다 보면 이런 질문에 대해서 ARS 상담원만큼 숙달된 답변을 하는 지원자를 간혹 만나게 되는데, 왠지 모르게 긍정적으로 보이지 않고, 미리 준비해서 생각 없이 읽고 있다는 느낌을 받게 된다. WORST 답변이 바로 그 예다. 지원자 중에 특정 색상으로 자신을 표현해서, 색상의 느낌과 자신의 성격을 연결하기도 하고, 주변의 사물에 비유해서 세상에 꼭 필요한 사람이 바로 자신이다 라는 식으로 연결하기도 하는데, 자칫 말장난으로 흐를 위험이 있어서 상당히 유의해야 한다. 영화나 책이든 혹은 어디선가 들은 이야기이든 자신에게 울림이 있었던 키워드를 찾고, BEST 답변처럼 그 키워드를 활용해서 답변하는 것이 좋겠다.

Q06

무언가에 완전히 몰입해서 성취한 경험이 있나요?

Best

❶ 사진 촬영에 몰입해본 경험이 있습니다. 어떤 상황에서도 만사 제쳐놓고 빠져들 만큼, 사진 촬영은 저에게 커다란 의미가 있습니다. 가볍게는 가족들이나 친구들과의 현재의 모습을 기록해서 추억으로 남기는 것도 의미가 있고, 제 나름 작품사진을 남기기 위해 출사를 나가서 새벽 일출이나 일몰을 담기도 하고 꽃잎에 떨어진 물방울을 의미 있게 포착하기 위해 긴 시간을 기다리기도 합니다. 이때 피사체를 어떻게 앵글에 담아내느냐에 따라 사람들에게 공감을 얻을 수도 있고, 외면을 받을 수도 있다는 점을 늘 생각하면서 사진 촬영을 통해 나의 주관을 강조하기 보다는 객관적인 시각을 갖는데 많은 도움을 받고 있습니다. 회사에 입사해서도 동료들과의 동호회 활동, 동료의 생일파티 등 일상적인 일이나 중요한 행사 또는 회사나 제품을 홍보하는 사진을 촬영하는데 도움을 드릴 수 있었으면 좋겠습니다.

❷ 저는 요리에 푹 빠져본 경험이 있습니다. 같은 재료로 새로운 메뉴를 개발하고 가족들이나 친구들에게 품평을 받는 것이 저의 취미입니다. 이런 취미 때문에 자연스럽게 식품회사에 관심을 두게 되었고 상품기획 업무에 도전하게

되었습니다. 제가 만든 상품이 날개 돋친 듯 판매되는 꿈을 꾸며 늘 연구하는 자세로 상품을 기획하고 개발하겠습니다.

Advice

무언가에 완전히 몰입할 정도로 좋아한다는 의미는, 어느 방향에서 조명하느냐에 따라 긍정의 의미도 부정의 의미도 포함될 수 있으므로, 답변에 신중을 기해야 한다. 즉, 회사 일을 앞에 두고 좋아하는 개인사 때문에 회사 일에 지장을 줄 수 있다고 해석한다면 부정적인 의미로, 반대로 회사 일에 시너지를 낼 수 있다는 시각에서 본다면 긍정적인 의미로 해석될 수 있다. BEST 1의 경우, 밀린 업무 때문에 토요일 부득이하게 출근을 해야 하는 상황에서 면접관은 사진 찍기가 취미인 지원자가 개인적으로 토요일 출사(出寫)를 계획하고 있었다면 주말 출근이 부담스러울거라고 미리 부정적인 생각을 품을 수 있다. 하지만 홍보부나 마케팅부라면 업무에 시너지를 낼 수 있는 취미이므로 반대의 반응이 나올 수도 있다. 따라서 이러한 양면성 있는 질문에는 자신이 지원한 회사의 산업군이나 업무 분야의 눈높이에 맞춰 자신의 취미나 활동을 연결해 어필하는 것이 효과적이다. 영업부라면 등산이나 스포츠, 식품회사라면 요리, 베이킹 등이 주효할 것이다.

Q07

다른 이를 설득할 수 있는 자신만의 특별한기술이 있나요?

상대가 설득당하지 않고 스스로 선택했다는 느낌이 들도록 상대의 말을 인내심을 갖고 끝까지 들어주는 것입니다. 첨예한 대립 상태에서도 자신의 말을 끝까지 들어주는 사람에게는 경계를 허물고 대화에 임하게 되므로 저의 설득도 거부감 없이 받아들일 수 있다고 생각합니다. 또 대화를 할 때 말투나 화법을 조심스럽게 하는 것은 기본이고, 작은 부분에까지 논리적인 근거를 가지고 대화에 임하는 것입니다. 그래도 상대가 따라와 주지 않을 때는 제가 다른 사람의 의견을 적극적으로 수용하여 나중에 저의 제안을 거절하지 못하도록 하는 밑거름으로 활용하는 것이 저만의 설득의 기술입니다.

Worst

상대의 눈을 보고 설득할 것입니다. 눈은 거짓말을 하지 않는다고 합니다. 눈을 보면서 상대가 원하는 것이 무엇인지를 읽어 내고, 진심으로 이해한다면 첨예하게 대립하는 상황에서도 해결책은 있을 것으로 생각합니다.

Advice

설득은 커뮤니케이션의 범주에 속하며, 조직생활에서 절대적으로 필요한 역량 중 하나이다. 긴장 상태에서도 상대를 배려하는 마음으로, 타당하고 논리적으로, 자신이 원하는 결론에 도달하고 있는지가 설득의 관건이다. 상대에게 충분히 말할 기회를 주는 것, 큰 요청을 거절하면 작은 요청을 승낙하게 하는 것, 제3자를 통해 정보를 듣게 하여 신뢰감을 높이는 것, 유사사례를 들어 선택에 안정감을 갖게 하는 것, 선택의 결과를 수치화하여 자신의 의견에 신빙성을 부여하는 것 등 자신만의 설득의 기술을 가지는 것은 조직생활에서 커뮤니케이션을 주도하는 경쟁력이 될 것이다.

Q08

타인에게 자신에 대한 믿음을 심어주는 방법이 있나요?

말을 앞세우기보다 행동으로 실천합니다. 또 실행에 옮길 때는 중간중간 피드백을 전달하여 상대방의 궁금증을 해결해 주고, 용두사미 격으로 벌리기만 하는 것이 아니라, 작게라도 반드시 그때그때 매듭을 짓고 넘어갑니다. 당장 큰 수확은 아니라도 이 사람에게 맡기면 반드시 결실을 본다는 작은 신뢰가 저에 대한 믿음으로 돌아온다고 생각합니다.

Worst

저는 열정적이고 성실합니다. 성실하고 열정적인 태도로 남들보다 두세 배는 열심히 일하는 것이 결국 저에 대한 믿음을 가져다준다고 생각합니다.

Advice

면접관은 지원자의 어떤 부분을 보고 믿고 뽑으면 될지 스스로 검증해 보라고 주문하고 있다. 다른 질문도 마찬가지지만, 자신의 강한 의지를 표해야 하는 질문에는 구체적이고 명확한 세부 설명이 따라와야 한다. '성실하다', '열심히 하겠다', '최선을 다하겠다'와 같은 막연한 표현은 무성의하고 준비가 덜 된 사람으로 보이게 하므로 지양해야 한다. 거창한 결과물보다는 평소의 작은 습관을 관리하는 것이 상대에게 믿음을 심어주는 확실한 방법이다. 스스로 잘하고 있다고 판단되는 행동 양식을 정리해 보면 믿음의 해답이 바로 거기에 있음을 알 수 있다.

〈믿음을 심어주는 방법〉

1. 약속 시간을 철저히 지킨다.
2. 일을 진행할 때 중간 중간 피드백을 전달한다.
3. 내가 부탁한 일은 꼭 중간과정을 체크한다.
4. 사소한 일이라도 반드시 끝맺음을 한다.

Q09

취미가 무엇입니까?

클래식 기타 연주와 등산을 즐깁니다. 조용한 곳에서 클래식 기타를 연습하면 마음이 차분해지고, 스트레스 해소에도 많은 도움이 됩니다. 주말에는 친구들과 집 근처 북한산에 자주 갑니다. 산행하고 나서 샤워할 때 허벅지를 만져보면 근육도 단단하게 만져지고 굵어진 느낌도 들어서, 어떤 일이든 열심히 할 수 있겠다는 자신감을 가질 수 있어서 좋습니다.

Worst

특별한 취미는 없습니다. 어린 시절에는 우표 수집도 해보고, 피아노를 배워보기도 했지만, 현재는 휴일에 친구들을 만나 대화를 하거나 영화나 야구 경기를 함께 즐기는 것이 취미라고 할 수 있습니다.

Advice

면접관이 취미를 묻는 것은 두 가지 의미로 나눠볼 수 있다. 첫 번째는 말 그

대로, 삶의 쉼표 정도의 취미를 묻는 순수한 질문이므로 음악 감상, 축구 동호회 활동, 스포츠 경기 관람 같은 스트레스 해소 차원의 취미를 적절히 답하면 된다. 이럴 때 특별히 좋아하는 취미도 없고, 특별히 잘하는 것도 없는 무미건조한 사람으로 비치지 않도록 답변하는 것이 좋다. 두 번째는 어떤 분야에 몰입하고 열중해서 전문가의 수준에 이를 정도로 깊은 조예를 갖춘 마니아 혹은 오타쿠적인 기질이 있느냐는 의미의 질문이다. 어떤 취미든 한 가지에 조예가 있고, 한 분야에 빠져들어서 심취할 수 있는 사람은 다른 분야에도 창의적인 전문성을 발휘할 수 있다고 판단되기 때문이다. 다만, 신입 지원자인 경우에 스킨스쿠버나 요트, 승마 등 경제 상황이나 현실에 맞지 않는 취미를 언급하는 것은 허세가 심한 사람이라는 부정적인 평가를 받을 수 있다는 점을 기억하자.

Q10

평소에 건강관리는 어떻게 하나요?

원래도 건강한 체질이지만, 건강은 건강할 때 지키자는 것이 제 지론입니다. 취업 준비 때문에 따로 시간을 내서 운동을 하지는 못했습니다만 하루 세끼 어머님께서 해주시던 집밥처럼 만들어서 꼬박꼬박 챙겨 먹고, 가까운 거리는 걸어 다니며, 지하철 계단은 늘 걷고, 주말에는 가끔 등산을 가면서 체력을 관리하는 편입니다. 부모님께 물려 받은 기초 체력이 튼튼해서 초등학교, 중학교, 고등학교 내내 개근하였고, 대학시절에는 축구 동아리를 하기도 했습니다. 학창시절 동아리 활동이나 종교 캠프 활동을 할 때 밤샘을 하는 경우도 있었는데 에너자이너 같다는 말을 듣기도 했습니다. 튼튼한 체력과 정신력으로 회사 일에도 솔선하는 건강한 신입 사원이 되겠습니다.

Worst

마음은 있지만 일상에 쫓겨 생각처럼 실행에 옮기지 못하고 있습니다. 평소 헬스, 요가, 필라테스 등 유튜브를 보면서 운동 방법을 익히려고 노력하고 있습니다. 취업이 된 후에는 꼭 헬스클럽에 등록해서 운동을 시작할 생각입니다.

Advice

나를 사랑하는 기술, 회사를 발전시키는 가장 훌륭한 기술이 바로 건강을 유지하는 일이다. 직장생활은 스트레스와 긴장의 연속이며 건강이 뒷받침되지 않고는 개인의 발전도 조직의 발전도 아무것도 꾀할 수 없다. 평소 건강관리나 자기관리가 철저한 지원자는 기업의 든든한 기초 체력이 될 것이고, 면접관은 기업의 기초 체력이 되어줄 든든한 지원자를 찾는 것이다. BEST 답변은 헬스클럽을 간다느니 스쿼시를 한다느니 하는 요란한 치장 없이, 생활 속의 습관이 자연스레 건강관리로 이어지고 있어서 신뢰가 간다. WORST 답변은 준비되지 않은 지원자가 자신은 아직 준비가 덜 된 사람이니 뽑아서는 안 된다는 것을 스스로 증명해 보이는 우매한 답변이다. 면접관은 과거에 지원자가 보였던 행동을 바탕으로 지원자의 미래성과를 예측한다. 미래의 계획을 듣고자 하지 않는 것은 공허한 수사일 가능성이 높다고 느끼기 때문이다.

Q11

뉴스나 인터넷에서 본 최근 이슈 중 가장 인상에 남은 것은?

즐겁고 유쾌하게 나이 드는 법이라는 사설이 인상에 남았습니다. 세계적인 테너 플라시도 도밍고와 애니메이션계의 거장 미야자키 하야오, 얼마 전 작고하셨지만 KBS '전국 노래자랑'을 26년째 진행하셨었던 국민MC 송해씨에 대한 내용이었습니다. 그 분들은 자신의 일에 대한 열정이 아직도 식지 않으셨고 젊은이들보다 더 뜨겁다는 점을 느낄 수 있었습니다. 면접을 앞두고 있어서 느껴지는 바가 많았습니다. 회사에서 주어지는 직무에 대해 저도 그분들처럼 열정을 다하는 직장인이 되어야겠다는 생각과 출세나 돈이나 명예를 쫓을 것이 아니라 어떤 분야에서든 최선을 다해야겠다는 생각을 하게 되었습니다.

Worst

요즘에는 취업 준비 때문에 뉴스를 자주 보지는 못합니다. 오늘 면접장으로 오는 전철에서 읽은 기사 중에 중국에서 다시 코로나 환자가 증가하고 있다는 뉴스를 읽었고 다시 마스크를 철저히 쓰고 감염에 유의해야겠다는 생각을 했습니다.

Advice

사람들은 자신의 관심사나 가치관에 따라 세상을 바라보게 되는데, 신문을 읽는 것도 마찬가지다. 정치에 관심이 있는 사람은 정치면부터, 경제에 관심이 있는 사람은 경제면부터 보게 되는 것이다. 면접관은 귀하의 관심사가 무엇인지 묻고 있다. 이 질문에 대한 적절한 답변은 지원하는 업종이나 직무에 따라 적절성 여부가 다를 수 있다. 언론사 연예부 기자 지원자는 연예 관련 기사가 적절하고, 경제연구소 지원자는 세계 경제 동향이 적합할 것이다. 참고로 신문의 사설은 업종이나 직종에 관계없이 적합한 주제이며, 신중하고 사려 깊은 사람으로 평가받을 수 있는 가능성이 크다.

Q12

여러번 읽은 책이나 본 영화가 있나요? 있다면 그 이유는?

알베르 카뮈의 '이방인'을 여러 차례 읽었습니다. 처음 그 작품을 읽었을 땐 어떻게 이 짧은 소설로 작가가 주목을 받고 노벨상까지 받게 되었는지 이해가 되지 않았었지만, 여러 번을 읽고 관련된 해설 강의를 들으면서 그 작품의 진가를 알게 되었습니다. 작가는 우리가 사는 인생의 의미에 대해 고민하며 '삶은 부조리하다'는 결론을 내렸고, 부조리한 세계에서 부조리를 받아들임으로써 진정한 나를 찾을 수 있다고 주장했습니다. 저는 이 작품을 통해 '나는 누구인가?', '어떻게 살아야 할 것인가?'에 대해 고민해보며 의미 있는 성장기를 보냈고, 결론적으로 '스스로 주체적으로 생각하고 행동하며, 삶에 대해 책임을 질 수 있는 유일한 존재가 인간이다'라는 점을 깨우칠 수 있었습니다.

Worst

제목은 기억나지 않습니다만, 성공한 직장인이 자신이 가진 모든 것을 버리고 MBA를 하러 나가서 새로운 분야에서 성공한 스토리를 읽은 적이 있습니다. 저도 매사 적극적이고 도전적인 자세로 살아야겠다고 생각했습니다.

Advice

면접관은 책을 통해 업무를 수행하는데 밑거름이 되는 지식을 함양하고, 간접적 경험을 통해 문제들을 슬기롭게 풀어갈 준비된 인재를 찾고 있다. 제대로 읽은 책이 있다면 소신껏 자신의 의견을 피력하되, 대충 넘기다가 만 책으로 어설프게 둘러대는 것은 금물. 면접관의 연륜이라면 지원자가 이야기한 책을 읽어보았을 수도 있다. 평소에 책 읽기를 권장하지만, 여의치 않다면 면접 전 미리 책을 점찍어 읽어두는 것도 한 방법이다. WORST 답변은 책 제목을 잊어버린 것은 문제가 되지 않지만, 스토리가 식상하고 얻은 교훈도 뻔해서 신선함을 잃어버렸다.

Q13

혹시 인생의 모토로 삼고 있는 글귀가 있나요?

❶ '무슨 일이 생기길 기다리지 말고 뛰어나가 일을 저질러라'입니다. 제가 대학에 입학했을 때 아버지께서 해주신 말씀입니다. 자식들만큼은 자신보다 적극적인 삶을 살았으면 하는 바람으로 말씀해 주셨고, 전에는 애써 외면하던 일도 한 번쯤은 시도해보려고 했고, 제가 주도하는 삶을 살아가게 된 계기가 되었습니다. 다만, 모든 것이 지나치면 좋지 않은 만큼 적극성을 발휘하려다 무모해지거나 타인에게 의도치 않게 피해를 줄 수 있기 때문에 타인에 대한 배려를 소홀히 하지 않도록 주의하고 있습니다.

❷ '세 번만 참자'입니다. 진해 해군기지 신병 훈련소 입구에 걸린 글귀를 응용한 것으로, 아버지께서 어렸을 적부터 강조해 오신 말입니다. 사회나 조직에서는 서로 상대의 입장에서 참고 배려하는 모습이 절실히 요구된다고 생각합니다. 저는 어릴 적부터 힘든 상황에서도 두 번, 세 번 참는 훈련이 몸에 배어 있습니다. 저의 이러한 인내심은 조직과 회사를 위한 최고의 팀워크를 창출해 내고, 궁극에는 최고의 기업으로 거듭나는 데 중요한 역할을 할 수 있으리라 자신합니다.

Advice

이 질문은 가치관, 좌우명, 소신으로 키워드를 바꿔가며 자주 등장하는 질문이다. 이런 날을 대비해 감명 깊은 문구나 주제 하나쯤 가슴에 새겨 두는 것도 나쁘지 않을 것이다. 지원자의 가치관이 무엇인지 유추할 수 있는 이런 질문은 어떤 주제를 거론하든 문제가 될 것은 없지만, 늘 듣던 식상한 문구가 아닌 위트와 재치가 넘치는 신선한 문구를 말하는 것이 주효하다. 그런 점에서는 BEST 1의 답변이 좀 더 신선하고, BEST 2의 답변은 신선함은 떨어지지만, 업무수행 장면을 연결해서 표현함으로써 면접관의 실망감을 기대감으로 전환해 높은 점수를 얻었다.

Q14

당신만의 스트레스 해소법이 있나요?

Best

매운 음식을 먹습니다. 눈물이 쏙 빠지도록 매운 음식을 먹다 보면 카타르시스를 느끼게 되고, 뒤에 먹는 시원한 '쿨피스' 한 잔에 스트레스가 말끔히 씻겨 내려 갑니다. 또 친구들과 수다를 떨다 보면 어느새 마음이 많이 비워져 있습니다. 스트레스로 발전하기 이전에 적극적으로 관리하는 것이 스트레스 해소보다 더 중요하다 생각하기에 극단적인 상황으로 가지 않도록 평소 긍정적인 마인드를 유지하기 위해 노력합니다. 그래도 스트레스가 쌓이면 좋은 사람들과의 대화를 통해 스트레스의 원인을 진단하고 적극적인 방법으로 해결책을 모색하고 있습니다. 주변 사람들과의 대화는 커뮤니케이션 능력을 향상시켜 주는 효과도 있어 회사일로 스트레스가 쌓여도 슬기롭게 대화로 풀어갈 자신이 있습니다.

Worst

저는 평소에 스트레스를 잘 받지 않는 긍정적인 사람입니다. 다만 간혹 업무적으로나 인간관계에서 스트레스가 쌓이면 노래방에서 목청껏 노래를 부르거나, 잠을 잡니다. 그러면 스트레스가 풀립니다.

Advice

캐나다의 심리분석학자 한스 셀라이 박사는 '스트레스로부터의 완전한 자유는 죽음'이라고 했을 만큼, 현대인에게 스트레스는 불가분의 관계다. 일이 안 풀려도 스트레스, 잘 풀려서 바빠져도 스트레스다. 더욱이 직장생활은 스트레스의 연속이며, 스트레스 관리가 곧 직장생활의 성패를 좌우할 만큼, 일, 사람, 조직 내, 외부에서 발생하는 스트레스로 현대인은 몸살을 앓고 있다. 면접관은 그때그때 지혜롭게 스트레스를 풀 줄 아는 현명한 사람을 원한다. 지원자가 평소 자기관리를 어떻게 하고 있는지, 스트레스로 업무에 지장을 초래하지는 않을지 스트레스 해소법을 통해 지원자를 가늠하고 있다. 자신만의 스트레스 해소법으로 면접관에게 건강한 정신력으로 무장된 든든한 지원자임을 알리는 것이 효과적이다.

면접 공포 극복법

면접을 앞둔 많은 지원자가 다양한 증상으로 면접 공포를 호소하고 있다. 면접 공포를 극복하는 증상별 처방전을 알아보자.

1. 아무 이유 없이 떨린다. ···› 면접관은 긴장상태를 정상으로 본다.

아무 이유 없이 떨리는 것이 정상이다. 적당한 떨림은 신입다운 신선함을 느끼게 해 오히려 긍정적인 효과를 불러올 수 있고 떨지 않으려고 하면 더 떨리기 마련이니 '떨리는 게 정상이다.', '나는 지극히 정상이다.'라고 생각하고 면접에 임하자. 내가 가진 떨림을 좋아해 주는 면접관이 있다고 생각하면 오히려 긴장이 가라앉고 평소 실력을 발휘하게 되어 좋은 결과로 이어질 수 있다. 반대로 지나치게 여유 있는 사람은 '선수' 같은 느낌을 줘 오히려 부정적으로 비칠 수 있으니 주의해야 한다.

2. 면접관과 눈을 맞추기 어렵다. ···› 나도 면접관을 평가하는 사람임을 잊지 말자.

면접도 사람 사이의 대화이고 면접관과 눈을 맞추는(eye contact) 것은 너무나 당연하고 자연스러운 일이다. 면접관의 목젖이나 이마, 미간을 보라거나, 답변하는 중간에 다른 면접관들도 한 번씩 쳐다보라는 조언이 있지만 답변에 집중하다 보면 자연스레 면접관의 눈을 응시하게 되므로 기계적으로 시선 처리에 신경 쓰기보다 질문과 답변에 집중하는 것이 바람직하다. 주어진 시간 동안 질문과 답변 속에 자연스럽게 나오는 행동은 문제 될 게 없으니 본질에 집중하도록 하자.

비하인드 스토리를 얘기하면, 면접관은 대개 3명~5명 내외로 구성되는데 면접관들 중 전문 면접관 2~3명을 제외하면 나머지 한두 명은 면접 초보이다. 본인의 업무 분야에서는 전문가일지 모르지만 면접은 1년에 한두 번 참여할까 말까 하다보니 면접관 교육을 받는다 하더라도 경험 부족에서 오는 긴장감은 어쩔 수 없다. 지원자와 다른 면접관에게 자신의 미숙함을 들키지 않고 변별력 있는 질문을 던지기 위해 면접 내내 고군분투하고 있는 면접관이 한두 명은 있다는 사실을 기억하고 이러한 면접관의 긴장 상태를 긍정적으로 활용하면 면접에 도움이 될 것이다.

3. 버벅거린다. ⋯→ '자신이 앵커'라고 생각하고 신문기사를 소리 내어 읽는 연습을 한다.

면접에서는 자연스러우면서 예를 갖춘 말투가 좋은데, 평소 말 습관을 교정하는 훈련을 꾸준히 하면 자연스럽고 정중한 말투가 된다. 어미는 '~했어요.'든 '~했습니다.'든 문제 될 게 없지만 면접에서는 '~했습니다.'로 마치는 것이 무난하다. 자연스러운 '~했습니다.' 어투가 되기 위해서는 평소 신문기사를 소리 내어 읽고, 이를 녹음해서 들어보면서 발음과 호흡 등을 교정하면 말투가 개선되는 효과가 있다. 신문기사를 소리 내어 읽고 녹음해서 들어보고 교정하는 훈련은 단순히 버벅거림 방지를 넘어, 어투가 정중하고 격 있어지는 것은 물론, 지식과 상식이 풍부해지는 부수적인 효과까지 있다. 상식이 풍부해지면 자신감이 생기고 면접에서도 떨지 않는 내공이 쌓이게 되므로 면접과 상관없이 꾸준히 연습하면 좋다. 신문기사는 가벼운 가십거리보다는 정치, 경제, 사회 등 다소 무거운 주제를 골라 연습하는 것이 좋다.

Q15

전공을 선택하게 된 계기는 무엇인가요?

어릴 때 부모님께서 박물관이나 생물자원관 같은 곳을 자주 데리고 다니셨는데, 그곳에 갈 때마다 현미경으로 미생물을 관찰하거나 곤충표본과 박제된 동물을 보느라 시간 가는 줄 몰랐습니다. 어릴 때부터 즐겨보던 TV 채널은 내셔널 지오그래픽이었고, 매달 집으로 배달되는 과학동아를 가장 좋아했을 정도로 생명공학에 관심이 많았습니다. 그래서 대학 전공을 선택할 때 자연스럽게 생명공학을 선택하게 되었고, 미생물 연구 동아리에 가입해 활동하며 해외 생명공학 웹사이트 서핑이 취미가 되었습니다. 특히 단백질 합성에 관심이 많아 ○○○사에서 단백질 합성을 통한 신약 개발을 하고 싶습니다.

Worst

대학 전공은 수능 점수대에 맞춰서 선택하게 된 것이고, 지금 생각하면 제일 후회하는 부분입니다. 만약 그 시절로 다시 돌아간다면 전문대라도 전문기술을 배울 수 있는 분야를 선택하거나 재수를 해서라도 경영학과를 가고 싶습니다.

Advice

대학 전공을 선택하는 것은 회사에서 업무 분야를 선택하는 것과 많은 유사점이 있다. 꼭 그렇진 않지만, 대학에서의 전공이 무엇이냐에 따라 직장에서의 업무 분야가 결정될 가능성이 높고, 평생 진로가 결정될 수도 있기에 지원자가 전공을 선택한 이유는 곧 자신의 진로에 대한 철학이 담겨 있을 가능성이 큰 것으로 해석된다. 뚜렷한 목표의식을 가지고 전공을 선택한 사람이라면 직장에서 자신의 업무 분야를 선택할 때도 그만큼 잘해 낼 것이라는 믿음을 줄 수 있다. WORST 답변은 대학 전공과 회사 업무와의 상관관계를 이해하지 못하고 솔직하게 답변한 것이 안타깝다. 여러 요인으로 전공 선택이 만족스럽지 못하더라도 긍정적인 결론으로 마무리하는 것이 바람직하다.

Q16

대학 졸업 후 공백기간 동안 무엇을 했나요?

외국기업의 업무지원 부서에서 계약직으로 일했습니다. 직원의 출산휴가 기간동안 업무를 대신하는 계약직이었습니다만, 팩스를 주고받고 사내 인트라에 부서 간 전달사항을 등록하는 단순한 업무에서부터, 외국기업의 예산편성, 인사정책, 의사결정 시스템을 간접적으로 배울 수 있는 좋은 기회였습니다. 영어를 활용할 기회가 많아 회화에 자신감이 생겼고, 지원업무를 수행하면서 저의 적성에 인사 업무가 적합하겠다는 결론을 얻었습니다. 적성과 업무의 상관관계에 관심을 두게 되면서 인사전문가로서의 기본을 닦는 소중한 경험을 하였습니다.

Worst

해외 어학연수를 다녀왔습니다. 단순히 영어 실력 향상뿐만 아니라 부모님과 떨어져 모든 것을 혼자 결정하고 혼자 해결해야 했으며, 문화가 전혀 다른 외국에서 다양한 경험을 했기 때문에 남들은 하지 못했던 소중한 경험을 하고 돌아왔습니다.

Advice

졸업 후의 공백 기간이 취업에 불리하게 작용할 것이라는 생각 때문에, 졸업 한 학기를 앞두고도 졸업하지 않고 학생 신분을 유지하는 학생들이 많아졌다. 하지만, 실제 취업 시장에서 학생 신분이면 유리하고 공백 기간이 있으면 불리하다는 근거는 어디에도 없다. 문제는 공백 기간을 어떻게 알차게 보냈는지에 있다. 지원한 업무분야에 도움 될만한 자격증을 취득하거나 간접적인 사회 경험을 하는 등의 실질적인 결실이 있었다면 휴학을 하거나 졸업을 늦추는 무리수는 두지 않아도 될 것이다. 어학연수가 보편화된 지금, 언어가 다른 이국 땅에서 자신만이 아주 특별한 경험을 했다는 답변은 그다지 공감을 얻기 힘들다는 점을 알았으면 한다.

Q17

졸업이 늦은 이유는?
학교를 오래 다닌 이유가 무엇인가요?

Best

인턴 경험을 쌓느라 졸업이 늦었습니다. 제가 인턴을 희망했던 회사는 졸업 예정자와 직전 졸업자에게만 인턴 지원 자격이 있어 자격유지를 위해 졸업을 늦추었고, 목표하던 회사의 인턴으로 입사하여 1년간 근무를 하였습니다. 외국계 대행사여서 실무 경험도 할 수 있었고, 영어를 활용할 수 있다는 면에서도 매우 유익하였습니다. 인턴을 하면서 인사, 총무 업무 같은 경영지원 업무보다 마케팅 업무가 저의 적성에 적합하다는 것을 알게 되었고 이후로 진로를 마케팅으로 정하는 계기가 되었습니다. 귀사에 입사하여 현재 시장 점유율 2위를 달리고 있는 ○○제품을 1위로 끌어 올리는데 일조하고 싶습니다.

Worst

어학연수를 가고자 했으나 가정 형편상 어려움이 있어 1년 정도 아르바이트를 하면서 어학연수 비용을 마련했고 이후 1년 동안 호주로 어학연수를 다녀왔습니다. 어학연수 과정에서 익힌 영어 능력과 도전 정신으로 어떤 업무를 맡더라도 최선을 다해 열심히 할 것입니다.

Advice

졸업한 뒤 곧바로 취업이 안 되면 자칫 능력 없는 사람으로 오인받거나, 취업에 불리할 것이라는 생각에 인위적으로 졸업을 늦추는 학생이 늘고 있다. 취업을 위해 졸업을 늦추는 것을 면접관도 알고 있으니 어학연수든 인턴이든, 졸업이 늦어진 사정을 간단히 언급하고 뚜렷한 목표 의식을 가지고 적극적인 도전을 펼쳤음에 초점을 맞춰 자신의 의지를 피력하면 된다. WORST 답변은 자신의 힘으로 어학연수를 다녀온 것은 좋았으나, 어학연수를 가게 된 목적 의식이 전해지지 않아 아쉬움이 남는다. 자신의 목표인 ○○을 달성하기 위해서는 영어가 필수이고, 연수를 다녀온 뒤에 영어가 어떻게 향상되었는지 준비된 인재로서의 역량을 적극적으로 피력했다면 좋은 답변이 되었을 것으로 생각된다.

Q18

교환학생과 워킹홀리데이 경험이 있는데 그 과정에서 무엇을 배웠습니까?

일상 회화를 완벽하게 구사할 수 있도록 공부하겠다는 생각으로 떠났지만, 막상 현지에서 생활하다 보니, 그들의 사고방식과 가치관을 이해하는 것이 더 필요하겠다는 생각이 들었습니다. 저희가 살아갈 시대는 4차 산업혁명의 시기이고, 페이스북이나 인스타그램 등 SNS를 통해 세계의 정보는 물론 전 세계인이 실시간 대화를 나눌 수 있는 국경이 없는 시대입니다. 때문에 글로벌 인재가 되기 위해서는 언어는 물론, 그들의 가치관과 사고방식을 이해하는 것이 중요하다는 것을 깨달았습니다.

Worst

글로벌 인재가 되기 위해서는 영어 실력을 갖추는 것이 최고의 방법이라고 생각해서 미국 자매결연 학교에 교환학생으로 다녀왔고, 호주에서 워킹 홀리데이를 경험하고 돌아왔습니다. 영어 실력만큼은 누구에게도 뒤떨어지지 않는다는 자신감이 있습니다.

Advice

취업 10종 세트라는 용어가 트렌드였던 시기가 있었다. 토익성적, 공모전 수상경력, 어학연수 경험 등은 없어서는 안 되는 기본 조건 중 하나였고, 교환학생, 워킹홀리데이 등의 경험이 없으면 글로벌 마인드가 부족한 것으로 여겨지기도 했던 것이 사실이다. 하지만 블라인드 채용이 대세인 요즘 공공기관에서는 아예 토익성적 등을 제출받지 않을뿐더러 해외 경험자가 상대적으로 많아 해외경험을 했다는 것이 그다지 변별력이 있지도 않다. 외국어 능력이 중요한 역량 중의 하나임에는 틀림이 없고, 글로벌 인재로서 성장하려는 노력과 젊은 시절의 외국 경험은 권할 만한 일이지만, 막연히 외국으로 떠나면 말문이 트일 것 같다는 환상은 지양해야 한다. 어학연수는 그들의 언어와 문화, 관습과 가치관을 이해하기 위해 떠나는 것이지 이력서에 한 줄 경력을 쓰기 위해 가는 것은 아니기 때문이다.

Q19

대외 활동으로 무엇을 했고 특별히 배운 점이 있나요?

Best

영어 독서토론 동아리에서 활동하였습니다. 영어에 대한 두려움이 심했기 때문에 가입할 때 많이 망설였지만, 선배들의 격려로 영어에 대한 두려움을 떨쳐내고, 독서에도 심취하게 되어 영어 실력 향상과 독서라는 두 마리 토끼를 동시에 잡았습니다. 동아리 내에서 긍정적인 자극을 받아 영어 실력 향상을 위해 더욱 노력했고, 그 결과 토익 850점이라는 점수를 얻을 수 있었습니다. 또, 독서토론 도서였던 Death of a Salesman (세일즈맨의 죽음), Seize the Day(주어진 하루를 열심히 살아라)를 읽으면서 인문학적 소양을 쌓을 수도 있었습니다. 영어 실력을 십분 활용할 수 있는 해외영업 분야에서 역량을 발휘하고 싶습니다.

Worst

고등학교 때는 합창부 활동을 했지만, 대학 때는 취업에 대한 부담으로 학과 공부에 열중하고 영어 실력 향상을 위해 공부를 하다 보니 동아리 활동을 할 여유가 없었습니다. 아쉽긴 하지만 공부를 게을리 하지 않은 결과 남들보다 우수한 성적으로 졸업할 수 있었고, 그 결과물로 귀사의 서류전형에 당당히 합격하고 이렇게 면접에 임하게 된 것을 자랑스럽게 생각합니다.

Advice

학교의 교과 과정은 직장생활과 연결고리가 많다. 그중 하나가 동아리 활동이다. 면접관은 동아리 활동을 통해 조직원으로서 지원자의 사회성과 적극성, 나아가 업무수행 능력을 알아보려는 것이다. 단순히 동아리 활동을 적극적으로 했다, 대학생만의 특권을 마음껏 누릴 수 있어서 좋았다와 같은 단순 답변에 그치지 않고, 적극적인 동아리 활동을 통해 훌륭한 사회인으로 성장할 수 있는 기초를 닦았고, 지원한 분야에서 요구하는 업무수행 능력을 습득할 수 있었음을 어필하면 효과적이다. 막연하고 불확실한 표현보다는 구체적인 사실이나 근거를 들어 자신의 의견에 신빙성을 부여하는 것이 중요하다.

학창시절 성적이 좋지 않은 과목과 그 이유는 무엇인가요?

저는 화학 성적이 다른 과목에 비해 좋지 않았습니다. 원소기호나 주기율표가 이상하리만큼 암기가 되지 않았고, 실험실에서 해야 할 공부를 교실에서 하는 것에 대해 잠재적인 불만이 쌓여 있어서 화학에 흥미를 잃게 되었습니다. 이후에 나노기술에 대해 관심을 두고 공부를 하면서 그때는 제가 복잡하게 느끼고 어려워했던 화학이 인류를 위해 꼭 필요한 학문임을 깨닫게 되었고, 지금은 화학 관련 공부에 흥미를 느끼고 있습니다.

Worst

저는 학창시절에 수학 성적이 다른 과목에 비해 좋지 않았습니다. 중학교 시절에 수학에 흥미를 잃은 이후로는 수학 시간만 되면 짜증이 나고, 선생님과도 관계도 좋지 않아서 그 후로 수학을 가까이할 수 없었습니다.

Advice

기업에서 채용하고자 하는 직책의 일상적인 직무와 지원자의 적성이 일치하는지를 확인하고자 하는 질문이다. 이 질문에 이어서 거꾸로 성적이 좋았던 과목에 대해 질문을 하기도 한다. 면접관은 이 과정에서 지원자가 이력서나 자기소개서, 경력소개서의 내용과 다른 점은 없는지 확인해보고 해당 직무에 관심을 갖게 된 계기 등에 대해 상세히 추가 질문을 할 수도 있다. 어떤 일을 좋아하는 사람도 그 일을 즐기는 사람을 이길 수 없다는 말이 있다. 이처럼 본인이 맡은 일을 즐길 수 있는 사람을 채용하고자 하는 것이 기업의 바람이며, 그 시작이 직무적성이다. 창의적인 발상도 업무에 몰입할 수 있을 때 발현되며, 몰입은 업무를 즐길 수 있을 때 자연스럽게 이루어진다. 지원자 스스로도 자신이 즐길 수 있는 일인지, 몰입하여 창의적인 발상을 할 수 있고 조직에 기여할 수 있을지 충분히 생각해보는 과정이 필요하다는 것을 잊지 말자.

Q21

대학 시절 가장 우선시했던 것은 무엇입니까?

대학 시절, 가장 우선시했던 것은 다양한 경험을 통해 지식을 쌓는 일이었습니다. 마케팅 동아리에 들어서 공모전에 참가하였고, ○○기업의 객원 마케터로 활동하면서 동료들로부터 협동심, 추진력, 패기를 배울 수 있었습니다. 사회봉사단체에 가입해서 장애인에게 사회생활에 필요한 일들을 교육하는 활동은 건강한 정신을 가지게 해주는 중요한 시간이었고, 대학생 글로벌탐방단에 선발되어 세계문화를 체험하면서 세계를 바라보는 안목과 도전 정신이 생겼습니다. 계획한 일들을 실현했던 성취 경험과 산지식들이 제가 귀사에서 직무를 수행하는 데 도움이 될 것이라고 믿습니다.

Worst

대학 시절, 저는 사회성을 키우기 위해 가능한 많은 단체에 가입했습니다. 학교의 합창 동아리 활동을 했고, 인터넷 카페에서 인라인스케이트 동호회에 가입해서 활동했고, 교회 청년부 모임과 산악회 회원으로 활동했습니다.

Advice

이 질문은 관심 분야와 적성을 파악해 보기 위한 질문이다. 사실 요즘 대학생들은 취업 5종 세트라는 자격증, 어학연수, 토익, 공모전, 인턴십 등 소위 스펙을 갖추기에도 시간이 부족한 대학 생활을 보내고 있다. 대학 시절의 낭만을 찾기는 더더욱 어려운 실정이고, 경험을 위해 배낭여행을 하거나 고전 문학작품을 읽어볼 만한 시간적 여유도 많지 않은 것이 현실이다. 그러나, 면접관은 당신에게 맡길 직무와 당신의 관심 분야가 적절하게 조화가 되는지 판단해볼 의무가 있다는 점을 잊지 말아야 한다. 또한, 직장생활도 그동안 겪은 대학 생활만큼이나 시간상으로 빡빡하고 처리해야 하는 업무도 만만치 않다는 것을 기억하기 바란다.

Q22

어릴 때나 최근에 창의력을 발휘했던 경험이 있습니까?

Best

대학생 때 교수님께서 인문학 고전 읽기 과제를 내주셨습니다. 플라톤의 국가론을 추천해주시고, 조를 나눠서 한 주에 1장씩 읽고 토론을 하라고 하셨었습니다. 매주 한 파트씩 강의시간에 발표해야 했는데, 학생들 입장에서는 아르바이트나 다른 수업 과제 등 때문에 책을 읽을 시간이 없어서 발표하는 것 또한 상당한 스트레스였고, 급기야 일부 학생은 학점 포기까지 생각하기도 했었습니다. 이때 어떤 좋은 해결책이 없을까 고민하다가 7개 조가 한 주에 한 명씩 돌아가면서 읽은 내용에 대해 발제를 하는 것이 어떻겠냐고 제안을 했고, 한 학기에 두 번 발제를 하면 되는데 가능하지 않겠느냐고 설득을 했습니다. 평소 책을 가까이 했던 친구가 책 내용을 설명한 후 발제를 하고 다른 친구들은 혹 책을 읽지 않아도 대화에 참여할 수 있도록 충분히 내용 설명을 해달라고 제안을 했습니다. 제가 발제를 맡았을 때는 읽은 내용 중에 '정의란 무엇인가?'라는 내용이 있었는데 그 내용 중 한 소피스트가 '정의란 강자의 이익이다'라는 주장을 했습니다. 저는 이에 대해 발제를 했고, 강의시간을 넘길 정도로 진지한 토론을 하게 되었습니다. 이후 다른 조들도 적극적으로 참여하여 강의를 함께 들은 모든 학생들이 국가론이라는 책에 대해 충분히 이해할 수 있었고 모두 좋은 학점을 받을 수 있었습니다.

어렸을 때 블록을 가지고 무언가를 만들면 어른들께서 창의력이 좋다고 칭찬을 해주셨습니다. 그리고 동호회에서 소모임 이름을 정하거나 유니폼에 부착할 마크를 정할 때 제가 지목한 것이 자주 결정이 되었던 경험이 있습니다.

Advice

아인슈타인과 같이 새로운 것을 만들어내는 능력도 창의력이고, 기존의 것을 개선하는 것도 창의력이라 할 수 있다. 기업의 업무는 동일한 업무가 반복되는 경우가 많고, 제조 설비는 한번 구축해서 사용하게 되면 문제의식을 느끼고 바꿔보려는 노력을 하지 않는 한 계속 사용하게 된다. 이러한 경우 문제 되는 부분을 효율적으로 개선하여 시간과 인력, 비용 낭비를 줄이는 것도 창의력이기 때문에 기업은 창의력이 잠재된 인재를 채용하고자 하는 것이다. 아는 사람은 좋아하는 사람을 이길 수 없고, 좋아하는 사람은 즐기는 사람을 이길 수 없다는 말처럼 창의력은 즐기는 단계에서 발휘될 수 있는 능력이기에 더욱 중요한 평가요소이다.

Q23

학창시절에 겪은 가장 기억에 남는 (후회했던 또는 뿌듯했던) 일에 관해 설명해 보세요.

학창시절 가장 뿌듯했던 일은 동아리 회원들과 함께 장애우들을 도와서 설악산을 함께 등반했던 것입니다. 참가했던 모든 장애우들과 함께 대청봉 정상에 올랐고, 아무런 사고 없이 무사히 산행을 마칠 수 있었습니다. 모든 일행이 하산을 한 후 오색약수에서 산채비빔밥을 함께 먹었는데 그때 장애우들의 행복한 표정을 보면서 가슴이 벅찼던 기억이 납니다. 학창시절에 가장 후회되는 일은 촛불 시위 현장에 가보지 못했던 것입니다. 사회의 발전을 위해서 필요한 일이라고 판단된다면 자신을 희생해서라도 정당한 가치에 대한 주장을 실행에 옮길 수 있어야 진정한 사회인이라고 생각합니다.

Worst

학창시절에 가장 뿌듯했던 일은 총학생회 총무를 맡아서 축제나 학술제 등 교 내, 외 행사를 무리 없이 개최했던 일입니다. 가장 후회되는 일은 학생회 일을 하다 보니 가족 행사에 참여하지 못했고, 학점 관리를 제대로 하지 못했던 것입니다.

Advice

이 질문은 지원자가 어떤 것을 의미 있게 느끼는지, 열정이 있는지, 책임감이 있는지, 도전의식이 있는지를 알아보기 위한 질문이다. 한번 지나간 시간은 다시 되돌릴 수 없다. 어린 시절을 그리워하는 것은 다시 돌아갈 수 없어서 더욱 그렇다. 더욱이 학창시절은 가장 왕성한 젊음과 패기가 있었던 시기였기 때문에 누구에게나 소중한 시간이다. 그 학창시절을 어떻게 보내느냐에 따라 대강의 성패가 갈린다. 사법시험이나 회계사 시험에 합격하는 것 말고도, 열정적으로 무언가를 열심히 했느냐에 따라 직장생활에서도 그런 열정을 발휘할 수 있기 때문이다.

Q24

달성하기 어렵다고 생각했던 목표를 달성한 경험이 있나요?

대학 4학년이 된 후 취업 준비를 위해 토익 시험을 처음 보게 되었는데 점수가 540점이 나와서 놀라기도 했고, 공공기관이나 대기업에는 지원조차 할 수 없겠다고 낙담을 했었던 적이 있었습니다. 이에 저는 4학년 1년 동안 토익 900점을 목표로 세웠고 게을러지거나 목표를 쉽게 포기할 것을 염려하여 여자친구를 포함하여 가족들과 친구들에게 그 사실을 알렸습니다. 가정형편이 그리 넉넉한 편은 아니어서 아르바이트를 해야 했지만, 하루 8시간 토익 공부를 한다는 목표를 세우고 새벽부터 잠자리에 들기까지 계획을 실천했고, 당일에 암기하기로 한 것은 휴대폰 어플을 이용해 매일 시험을 치르는 방법으로 확인을 했습니다. 시간이 지날수록 자신감도 붙고 주변 분들에게도 많은 도움을 받았습니다. 1년 하루 8시간의 하루도 빠지지 않은 노력 끝에 졸업 후 치른 토익 시험에서 905점을 맞아 태어나 처음으로 스스로 목표를 세우고 이를 이뤄낸 제 자신이 자랑스러웠던 기억이 있습니다.

Worst

부모님 식당이 문을 닫아야 할 정도로 어려웠던 적이 있었습니다. 맛도 있고 입지도 괜찮았지만 손님은 점점 줄었습니다. 원인을 분석한 결과 한식 위주의 메뉴에 문제가 있었습니다. 아파트 상가라 가족 단위 손님이 많았는데, 외식을 할 때는 한식보다는 별식을 찾는다는 것을 알게 되었습니다. 고민 끝에 가족 단위 고객이 좋아할 돈가스와 칼국수로 과감히 메뉴를 교체했습니다. 저의 예상은 적중했고 돈가스를 좋아하는 어린이 고객과 면 요리를 좋아하는 어른 고객의 입맛을 모두 사로잡을 수 있었습니다. 상황이 어렵더라도 정확한 원인을 분석해 단기적인 목표와 먼 장래에 꼭 이루어야 할 장기적인 목표를 설정해 작은 것부터 실천해 나간다면 달성하지 못할 것은 없다는 점을 배울 수 있었습니다.

Advice

지원자가 창의적이며 계획성이 있는지, 실천력이 있는지 알아보는 질문이다. 조직에는 크고 작은 목표가 있다. 면접관은 지원자의 과거 경험을 통해 앞으로 회사의 공동 목표를 달성해 가는데 그 역할을 제대로 수행해 낼 재목인가를 가늠하고 있다. 구체적이고 신빙성 있는 경험치를 말하고 달성 불가능한 목표를 이룬 상황을 자신의 역량과 연결하여 전달하는 것이 면접관의 목표에 부합하는 답변일 것이다. 대학 입학, 어학연수, 봉사활동은 학생의 보편적인 경험에 속하므로 달성하기 어려운 목표의 범주에서 벗어나 있다고 볼 수 있다.

아르바이트를 한 경험이 있나요?

래프팅용 배를 제조하는 회사에서 고무보트 A/S 업무를 했습니다. 처음에는 단순히 보트를 나르고 접착제를 칠하는 작업이 전부였지만 점차 고무보트 펼치기, 바람 넣기, 배 다시 포장하기 등의 전체 작업으로 옮겨갔습니다. 아르바이트하면서 래프팅에 관심을 가지게 되었고, 동강이나 내린천 래프팅 사고 소식이 들릴 때면 제가 했던 보수작업이 생명을 다루는 중요한 일이었음을 다시 한번 깨닫게 되었습니다. 자신에게 주어진 일을 신속하고 능숙하게 처리하는 것도 중요하지만 자신의 일이 사회에 어떤 도움이 되고, 다른 사람들의 생활과 안전에 어떤 도움이 되는지 충분히 인지하는 성숙한 사람을 찾는 것도 중요하다는 것을 느낄 수 있었습니다. 어떤 사람을 채용하고 어떻게 키울 것인지, 한 사람 한 사람의 역량을 발견하고 관리하는 인사업무는 사람의 소중함을 아는 데서 출발한다고 생각합니다. 사람의 소중함을 깨닫게 된 아르바이트 경험이 인사업무에 많은 도움이 되리라 생각합니다.

백화점에서 잡화 판매 아르바이트를 한 적이 있습니다. 낯선 사람에게 저를 믿고 상품을 사달라고 호소하는 것은 여간 힘들지 않았지만 이를 악물고 노력했고, 노력 덕분에 제가 판매를 맡은 브랜드 매출이 높아졌습니다. 그때의 경험을 거울삼아 어떤 업무를 맡더라도 열심히 하는 직원이 되겠습니다.

Advice

시대상을 반영하듯 아르바이트, 봉사활동, 동아리 활동 경험은 자주 등장하는 단골 질문이 되었다. 이 질문을 통해 지원자의 사회성과 성실성, 경제관념, 나아가 회사에 기여할 수 있는 기초적인 경험이 있는지 확인할 수 있다. 독특한 경험담을 제시하고 아르바이트 과정에서의 성취감, 교훈 등을 전달하여 준비된 직장인으로서의 모습을 피력하는 것이 좋다. 아르바이트 경험 중에서도 지원한 업무분야와의 상관관계가 깊은 주제에 대해 언급하는 것이 바람직하다.

Q26

고민이 있을 때 주로 누구와 상의하는 편인가요?

친구나 선배 또는 부모님과 상의하는 편입니다. 어릴 때부터 종교활동을 함께 해와서 저를 누구보다 잘 아는 친구들과 선배님들께 가장 많은 부분을 의논하곤 합니다. 제가 그간 고민해왔던 것은 졸업 후의 진로나 인간관계 등이었고 그분들도 경험했었던 부분이라 주위 분들을 통해 충분히 해결해올 수 있었습니다. 다만, 요즘 들어 직업선택이나 소중한 사람들과의 관계에서 발생하는 예민한 문제 등에 대해서는 좀 더 체계적이고 객관적인 시각에서 저를 바라보고 싶다는 생각이 들어 전문가들의 도움을 받을 수 있는 플랫폼을 이용해 전문가 분들로부터 상담을 받기도 합니다. 처음에는 비용이 부담도 되고 전문가분의 상담 스킬에 대한 확신이 부족하기도 했었습니다만 다양한 상담 사례와 전문가분의 논리적인 코칭을 받는 과정에서 제 스스로도 문제를 객관적으로 보게 되고 솔루션을 찾을 수 있었습니다.

Worst

저 스스로 해결하는 편입니다. 처음에는 친구나 부모님께 상의했습니다만,

어차피 결정은 제가 하는 것이고, 부모님은 걱정만 하시기 때문에 저 혼자 알아서 해결하는 편입니다.

Advice

조직의 눈으로 보면, 개인의 고민은 곧 조직의 고민이요, 조직의 갈등 요소로 간주할 수 있다. 든든한 상담자가 있어 개인의 고민을 덜고, 조직의 갈등을 미연에 방지할 수 있다면 조직을 관리하는 윗사람 입장에서는 마음이 든든할 것이다. 친구나 부모님 같은 일상의 주변인들이 상담자로 등장하는 것이 보편적이겠지만, 가족이나 주변인을 벗어나 대상을 넓히고 그 이유를 구체화한다면 남들과 차별화되었다는 점에서 한층 경쟁력 있는 답변이 될 것이다. 간혹 고민을 빌미로 무시를 당하거나, 자존심이 다칠까 우려하여 고민을 털어놓지 못하고 혼자서 끙끙 앓는 사람이 있다. 측은지심이 들기도 하지만 자신감이 없어 보이고 사회성이 떨어져 보여 부정적인 인상을 주게 된다.

Q27

사람들과 함께 있을 때 당신은 주로 어떤 역할을 하나요?

Best

저는 사람들과 함께 있을 때 자신을 불태워 세상을 밝게 하는 성냥개비 같은 역할을 하고 싶고, 그런 신조로 살아가고 있습니다. 지난 여름, 채석강으로 친구들과 피서를 갔는데, 다른 친구들은 여자친구와 석양도 즐기고 한적한 바다를 걸으면서 시간을 보낼 때 저는 모닥불을 피울 장작을 준비해서 제 여자친구가 화를 냈던 적이 있었습니다. 모든 친구들이 모닥불 가에 모여서 즐거운 시간을 보냈고, 친구들이 저에게 보이지 않는 곳에서 마음을 써주는 것에 대해 진심으로 고맙다는 말을 듣는 것을 보면서 여자친구의 얼굴도 밝게 바뀌는 것을 느낄 수 있었습니다.

Worst

저는 제 목소리를 내기보다는 주변 사람들의 이야기를 많이 들어주는 편입니다. 여러 사람의 이야기를 듣다 보면 자연스럽게 대화의 중심이 되기도 하고 리더 역할을 하기도 합니다.

Advice

이 질문은 당신의 평소 모습을 통해서 미래의 모습을 관찰해보기 위한 질문이다. 학창시절에 오락부장을 했던 사람은 직장에서도 대부분 분위기 메이커가 되기 마련이다. 유머가 있는 사람은 조직의 분위기를 항상 밝게 하고, 추진력이 있는 사람이 있어야 어떤 일이든 진척이 된다. 회사의 업무에도 적합한 성격 유형이 있다. 영업 업무는 외향적이고, 사교적인 사람이 적합하고 성과가 좋으며, 인사나 총무 같은 경영지원 업무는 외향적이지만 사고력이 있고, 차분한 성격이 적합하다. 지원자는 지원하는 업무와 적합한 성격을 보여주는 것이 합격에 더 가까이 가는 길임을 잊지 말자.

Q28

주위 사람들은 당신을 어떤 사람이라고 얘기하나요?

맛있는 열매는 없지만 편히 기대서 쉴 수 있는 나무 같다는 이야길 들었었습니다. 저는 주로 친구들의 얘기를 많이 듣는 편인데, 친구들이 이것 저것 고민거리를 제게 털어놓다보면 시간이 꽤 오래 지나서 커피숍 창밖이 어두워지기도 하거든요. 이럴 때 친구들은 시간을 많이 뺏어서 미안하다고 오랜 시간 고민을 들어줘서 고맙다고 저녁밥도 맛있는 곳에서 사주곤 하는데요. 이럴 때 저는 친구들에게 나도 겪을 수 있는 고민인데 미리 알려줘서 고맙다고 이야기하곤 합니다. 사실 제가 특별한 전문 지식이 있어서 솔루션을 주는 것도 아니고 그냥 제 일처럼 들어주기만 하는데도 친구들은 너 때문에 문제가 해결이 되었다고 즐거운 표정으로 돌아가기도 합니다. 두드러지게 잘 나지는 않았지만 편안하고 묵직한 바위 같은 사람으로 인식되었으면 좋겠습니다.

Worst

친구들은 저를 리더십이 있고 어디로 튈지 모르는 독특한 사람이라고 합니다. 어떤 의사를 결정할 때나 심지어는 밥을 먹을 때 메뉴를 고르는 것도 저의 의견에 따릅니다. 친구들 사이에서는 가장 독특한 생각을 하고, 친구들이 항상 저의 의견 위주로 따라 주는 편이기 때문에 리더십이 강한 사람이라는 얘기를 듣습니다.

Advice

친구를 통해 지원자의 평판을 체크하는 질문이다. 논리적으로 똑 떨어지는 답을 해야 하거나, 시사상식이나 기본 소양에 관한 질문이라면 진지하고 성실한 답변이 설득력 있겠지만 정답이 없는, 한숨 돌려가는 질문에는 재미있고 재치 있는 답변으로 긴장감을 푸는 것도 면접관의 시선을 끌 수 있는 방법이다. 매사 떨떠름한 지원자, 주눅이 들어 쭈뼛거리는 지원자, 어두운 얼굴의 지원자, 자신감이 지나쳐 자세가 결여된 지원자라면 친구가 아무리 칭찬을 했더라도 면접관의 공감을 얻기에는 무리가 있다. 다른 사람의 말을 빌어 자신을 표현할 때는 그 수식어에 맞는 표정과 태도를 유지하는 것이 중요하다. WORST 답변은 리더십과 독특하다는 단어로 포장을 했지만, 매사 자기 위주로 해야 직성이 풀리고 친구들 위에 군림하는 듯한 부정적인 느낌이어서 WORST 답변으로 분류되었다.

Q29

학창시절에 몰입했던 것은 무엇입니까?

Best

학창시절 저는 저를 시험하는 데 몰입하였습니다. 제 의지, 체력, 인내력을 시험해보는 과정에서 이후 어떤 삶을 살 것인가를 파악해보고 싶었기 때문에 저를 시험하는 방법으로 백두대간 종주를 선택했습니다. 산악동아리에 들어서 보행법이나 지도 보는 법 등을 익히고, 기본적인 체력을 키우기 위해 노력하였습니다. 지리산 노고단에서 출발한 후, 길을 잃기도 하고, 발목을 접질려 중간에 포기하려고도 했습니다만, 여기서 포기하면 살아가면서 어려움을 겪을 때마다 포기할 것 같은 생각이 들어 한 발자국만 더 가자는 생각으로 계속 걸었습니다. 그렇게 한 걸음 한 걸음 걸어서 무사히 백주대간 종주를 마칠 수 있었습니다. 아버지와 함께 백두대간 마지막 코스로 올랐던 설악산 대청봉과 중청대피소에서 본 운해와 밤하늘은 평생 잊을 수 없을 것 같습니다.

Worst

저는 뚜렷하게 무언가에 빠져있거나 몰입했었다고 할 수는 없습니다만, 학창시절을 성실하게 보냈다고 자부합니다. 학점 관리도 성실하게 했고, 필요한 자격증도 취득을 했으며, 공무원 시험 준비도 성실히 했습니다.

Advice

어떤 것이든 한 가지에 전문가 수준에 이르게 된 사람은 회사의 업무에서도 전문가 수준에 이르도록 열심히 할 가능성이 크다. 집중력이 높은 사람이 결국 마지막까지 생각이 분산되지 않아서 성공에 이르게 되는 이치와 같다. 젊어 고생은 사서도 한다는 말은 다양한 경험과 시도를 하라는 의미도 있지만, 힘든 일이라도 열심히 몰입해서 이뤄내 보라는 의미도 함께 내포하고 있다. 특별히 잘하거나 못하는 것도 없고, 또 특별히 좋아하는 일이나, 싫어하는 일도 없이 무난하게 학창시절을 보냈다는 사람은 자신 스스로는 평범했다고 표현하고 있으나, 듣는 사람은 상당히 무미건조한 사람으로 평가를 하고 있다는 것을 잊지 말자.

대인관계에서 가장 중요하게 생각하는 것은 무엇인가요?

배려를 가장 중요하게 생각합니다. 사람과 사람 간에 발생하는 문제는 대개 내가 조금 더 가져야겠다는 이기심에서 생겨나기도 하고, 다른 사람과 나를 비교하면서도 생겨난다고 생각합니다. 친구가 먼저 좋은 직장에 취업을 하게 되면 겉으로는 축하를 하지만 마음속으로는 시기를 하게 되고, 친구들 사이에 인기를 독차지하는 친구를 봤을 때도, 5성급 호텔 웨딩홀에서 결혼을 한다고 청첩장을 보내왔을 때도 같은 마음일 것으로 생각됩니다. 사람이기 때문에 자신이 제어할 수 없는 본성에서 생겨나는 감정은 어쩔 수 없다고 생각합니다. 그렇더라도 나보다 어려운 사람들을 보았을 때 그들의 어려움을 공감하고 배려하며, 역량이 부족한 친구나 동료에게 제가 가진 지식이나 경험을 나누고 도우려는 마음을 갖는 것이 인간관계에서 생겨나는 모든 문제를 해결할 수 있다고 생각합니다. 그래서 대인관계에서 가장 중요한 것은 배려라고 생각합니다.

Worst

진실함입니다. 저는 친구와 다투게 되면 굳이 길게 제 생각을 설명하거나 논쟁을 하지 않습니다. 시간이 지나면 친구가 제 본의를 이해하고 오해를 풀게 될 것이라는 믿음을 갖고 있습니다. 더러는 자신의 생각도 정리가 되지 않은 친구가 술자리를 하면서 문제를 풀어보자고 일방적인 태도를 보일 때도 있었는데 이런 경우 슬그머니 자리를 피했던 경우도 있었습니다. 진실함은 말로 설명해서 느껴지는 것이 아니라 마음으로 전해지는 것이라고 생각합니다. 상대가 진실한 마음으로 사과를 하게 되면 그 진실함이 전해져서 문제가 해결되는 것이라고 생각합니다.

Advice

이 질문은 조직적응력에 대한 질문이다. 조직적응력을 설명하기 위해 가장 좋은 모델은 영국 프리미어리그 토트넘 홋스퍼에서 뛰고 있는 손흥민 선수를 들 수 있다. 한가지 예는 유럽리그에서 영입되어 왔으나 이전의 명성에 비해 좋은 활약을 펼치지 못하고 위축이 되어있던 데얀 쿨루세프스키 선수가 골을 넣고 MOM(맨오브더매치)이 된 후의 인터뷰에서 울먹이며 한 말은 무척 인상적이다. "쏘니는 내가 의기소침해 있고, 위축되어 있을 때 '너는 충분히 역량이 있고, 곧 좋은 활약을 할 거다'라고 위로를 해주었는데 그 말에 다시 일어서서 오늘같이 좋은 활약을 하게 된 거다"라는 인터뷰를 했다. 이 선수는 같은 공격수고 포지션도 겹치는 경쟁자인데 그런 행동을 하는 손흥민의 태도에 모든 팀의 동료들이 친밀감과 함께 진실한 동료애를 느끼는 모습을 여러 차례 볼 수 있다. 기업에서는 예측하지 못한 상황이 자주 발생하는데 그때 동료를 배려하고, 묵묵히 자신의 직무를 충실히 할 수 있는 지원자를 판별해 내기 위해 이 질문을 활용한다. 아무리 훌륭한 핵심인재라도 직장생활에서 인간관계에 성공하지 못하면 효과적인 직장생활을 할 수 없다. 직장생활은 대인관계가 대부분을 차지한다고 볼 수 있기 때문이다.

Q31

살아오면서 가장 기뻤던 일과 슬펐던 일은 무엇이었나요?

저희 아버님께서 신장이 좋지 않으셔서 5년 가까이 고생을 하시다가 지난해 봄, 신장 공여자를 만나게 되어 이식 수술을 받으셨고 별다른 거부 반응 없이 완쾌하셔서 지금은 건강하게 생활하고 계십니다. 아버님께서 건강을 다시 회복하신 것이 가장 기뻤던 일입니다. 가장 슬펐던 일은 함께 공사 현장에서 아르바이트를 했던 친구가 작업 물품을 옮기다가 낙상사고로 큰 부상을 입었던 일입니다. 서로 가정 형편도 비슷하고 성격도 비슷해서 힘들 때 위로도 되고 마음을 나눌 수 있는 친구였는데 발판 조임 나사가 풀려있는 것을 모르고 물건을 옮기다가 낙상사고를 당하게 되었습니다. 천만다행으로 적재물 위로 떨어져서 생명에는 지장이 없었습니다만 척추를 다쳐 상당 기간 병원에 입원해 있어야 하는 상황이라 안타까웠고 특별히 큰 도움을 주지 못하는 점 또한 슬프게 생각되는 일입니다.

Worst

살아오면서 가장 기뻤던 일은 어렸을 때부터 가고 싶었던 유럽으로 친구들과 함께 여행을 가서 추억을 만들 수 있었던 일이고, 가장 슬펐던 일은 키우던 애완견이 병에 걸려서 어쩔 수 없이 안락사를 시켜야 했을 때입니다.

Advice

면접장에서 지원자에게 이 질문을 하고 답변을 들을 때 당황하게 되는 경우가 있다. 25년 가까이 살아오면서 가장 기쁘고, 가장 슬픈 일이 정말 이 정도 밖에 없을까라고 혼잣말을 하게 되기도 하고 세상 경험을 하지 못하고 학교와 학원을 왕복해야만 했던 젊은이들에게 안타까움을 느끼기도 한다. 운전면허를 취득한 것이 가장 기쁜 일이라고 이야기하는 지원자도 있었다. 물론 여러 번 떨어졌다가 합격을 하면 기쁠 수도 있지만, 살아오면서 가장 기쁜 일로 운전면허 취득한 것을 이야기하는 지원자에 대해 안타까움이 들었다. 기쁜 일을 기쁘게 느끼는 것에 수준 차이가 있는 것은 아니지만, 무언가 죽을 힘을 다해 노력해서 얻게 된 결과에 대해 기쁨을 느꼈다는 수준의 성숙함을 보여야 하지 않을까.

Q32

마음이 맞지 않는 친구와 발표나 과제 준비를 한 적이 있는지? 그때 대처 방법은?

Best

대학생 시절 민간 기업에서 주최한 공모전에 참여한 적이 있었습니다. 팀원 5명 이상으로 구성하여 해외여행 계획서를 제출하되 여행 중에 외국인들에게 우리나라의 역사나 문화를 홍보할 수 있는 프로그램이 포함돼야 하는 행사였습니다. 저는 학교 동아리 회원들과 팀을 꾸려 이 행사에 응모를 하기로 했습니다. 이후 팀원들과의 아이디어 회의를 거쳐 2가지 안으로 의견이 모아졌고 최종안을 선정하기 위해 팀원들과 장시간 토론을 했지만 결론이 나지 않았습니다. 결국 저희는 다수결 투표를 통해 한 가지 안을 채택하게 되었습니다. 어렵게라도 결정을 해서 다행이라고 생각했는데 이후 진행할 때 채택되지 않은 아이디어를 냈던 친구가 발표 준비를 하는 내내 비협조적인 행동을 해서 상당한 어려움이 있었습니다. 그때 그 친구를 내보내는 것이 좋겠다는 의견이 다수였지만, 저는 시작을 함께 했으니 어려움이 있더라도 함께 해보자고 팀원들을 설득했고, 저녁에 맥주를 한 잔 하면서 그 친구와 대화를 했는데, 그 친구의 의견은 다수결로 한쪽 아이디어만을 채택하지 말고 두 가지 아이디어를 보완해서 좋은 프로그램을 만들어 보자는 것이었고, 자신의 의견이 채택되지 않아 반대하는 것으로 오해한 점이 안타까웠다는 이야기를 듣게 되었습니다. 이후 팀원들과의 대화를 통해 오해를 풀게 되었고 단합된 마음으로 공모전 준비를 할 수 있었습니다.

저는 마음이 맞지 않는 친구가 있으면 그 친구의 의견을 전적으로 따르거나 반대로 의견 자체를 무시하는 방법을 활용합니다. 저의 그런 성격 때문인지 지금까지 한 번도 그런 경험을 해보지 못했습니다.

Advice

최근 발표 자료에 따르면 우리나라는 OECD 27개국 중에서 네 번째로 사회갈등이 심한 국가로 나타났다. 제대로 관리된 갈등은 국가발전의 에너지가 될 수 있지만, 원만하게 관리되지 못한 갈등은 막대한 사회적 비용 발생의 원인이 된다. 갈등은 조직을 비효율적으로 만들고, 갈등이 심해지면 조직이 와해되기도 한다. 이런 이유로 기업은 면접관을 통해 갈등을 야기할 가능성이 있는 사람의 입사를 차단하기 위해 이런 유형의 질문을 활용하는 것이다.

Q33

살아오면서 모욕적인 일을 당한 적이 있는지? 그 대처는?

부모님을 모시고 친척집으로 가는 길에 차선 변경을 하던 차량과 접촉사고가 난 적이 있었습니다. 상대방 운전자께서는 저의 과실로만 말씀하셨고, 제가 적어 드린 연락처를 믿지 못하겠다고 저의 휴대전화를 뺏어 연락처를 확인하셨습니다. 또 반말은 물론 욕을 하기도 하셨고, 보험은 가입한 것이 확실한지, 혹시 음주운전을 한 것은 아닌지 의심하는 표정과 행동에서 모욕감을 느꼈습니다. 그분의 행동에 화가 났지만 저는 지속적으로 정중하게 사과를 하고, 상황에 대해 충분히 설명하고 해결 방안을 모색하자고 말씀드렸습니다. 이후 상대방 운전자께서도 흥분을 가라 앉히고 자신의 행동이 과했다고 사과를 하셨고 보험회사에 연락해서 사고를 원만히 해결하게 되었습니다.

Worst

인터넷 동호회의 연말 송년회를 갔었습니다. 자기소개를 할 때, 제가 2년제 대학을 다니고 있다고 말하자 사람들의 관심이 제게서 멀어지는 것을 느꼈지만, 불쾌함을 참고 소개를 마무리 했으며, 현재도 회원으로 활동하고 있습니다.

Advice

이 질문은 돌발상황에 대한 대처능력을 평가해보기 위한 질문이다. 직장생활을 하다 보면 담당자로서 흥분한 고객으로 상대해야 할 때도 있고, 건방진 행동을 하는 거래처 담당자를 만나게 되기도 한다. 바로 그때 울컥해서 고객과 한바탕 소란을 벌이거나, 건방진 거래처 담당자와 주먹다짐을 하고 말았다면 이후에는 어떻게 되겠는가? 사람은 누구나 흥분을 하기도 하고, 격한 감정을 느끼기도 한다. 그러나 위급한 상황에서 선을 넘지 않는 조절 능력이 있는지 여부가 중요한 것이다. 면접관은 당신이 생각하는 대처방안에 대해 설명을 듣길 원하며, 합리적으로 대처할 수 있는 능력을 지녔음을 보여주는 것이 면접에 통과하는 유일한 길이다.

Q34

가장 잘했던 결정 또는 가장 잘못한 결정에 대해 말해 보세요.

Best

가장 잘한 결정은 대학에 입학하면서 부모님을 떠나 혼자 생활한 것입니다. 경제관념, 시간개념, 건강관리 등 모든 면에서 미숙함을 느끼고 스스로 관리하지 않으면 안 되겠다고 생각해서 내린 결정이었습니다. 부모님으로부터 독립해서 혼자 생활하면서 사회인으로서의 소양을 기를 수 있었고, 의존적인 태도를 버릴 수 있었다고 생각됩니다. 가장 잘못한 결정은 어학연수를 떠나 캐나다에 있을 때 할머니가 편찮으시다는 연락을 받았지만 연수기간이 얼마 남지 않은 상황이라 연수를 끝내고 귀국하기로 했던 것입니다. 결국, 할머니의 병세가 급격히 악화되어 돌아가셨습니다. 저를 많이 예뻐해 주신 할머니의 마지막을 지키지 못한 것이 많이 아쉽습니다.

Worst

잘한 결정은 어학연수를 다녀온 것입니다. 영어 실력 향상은 물론, 아는 사람 한 명도 없는 낯선 땅에서 저 혼자의 힘으로 모든 것을 해결하면서 강한 의지를 배웠습니다. 잘못한 결정은 3학년 때 공무원 시험을 준비했지만 불안감 때문에 시험 한번 쳐보지 않고 중도에 포기한 것입니다.

지원자의 의지나 결단력을 알아보려는 질문이다. 잘한 결정은 지원자가 사회인으로서의 기본 소양을 기를 수 있었던 경험담을 피력하는 것이 좋고, 잘못한 결정은 판단 자체에 문제가 있는 것이 아니라 판단의 타이밍이 잘못되었음을 역설하여 지원자의 판단력에 문제가 없음을 어필하는 것이 좋다. 지원자의 잘한 결정과 잘못한 결정은 조직에서도 똑같이 적용될 수 있으므로 특히 잘못한 결정에 관해 답변할 때는 지원자에 대해 부정적인 평가로 이어지지 않도록 유의해야 한다. WORST 답변은 공무원 시험이라는 소재도 부정적이지만, 중도에 포기했다는 결말로 자신을 더욱 무능력한 사람으로 만들었다.

Q35

좋아하는 인간형과 싫어하는 인간형에 대해 말해 주세요.

좋아하는 인간형은 자신의 위치를 잘 아는 사람입니다. 무조건 자신을 낮추고 남을 수용하는 소극적인 사람을 말하는 것이 아니라, 신분과 자리에 맞게 행동하고 처신하는 사람을 말합니다. 나서야 할 때 나서는 용기, 제 목소리를 내야 할 때 목소리를 낼 줄 아는 용기, 들어갈 때와 나갈 때를 분명히 알고 행동하는 사람이 제가 좋아하는 인간형입니다. 싫어하는 인간형은 강자에게는 약하고 약자에게는 강한 유형입니다. 힘의 논리에 따라 모습이 달라지며 기회주의자처럼 행동하는 사람을 싫어합니다.

Worst

좋아하는 인간형은 저를 잘 이해해주고 제 말을 잘 들어주는 사람입니다. 싫어하는 인간형은 자기 자신밖에 모르는 이기적인 사람입니다.

Advice

사람의 유형에 대한 호불호를 확인하는 질문은, 실지 조직생활에서 나타나는 갈등 구조를 미리 시뮬레이션해볼 수 있다는 측면에서 유효한 질문이다. 티를 내지 않고 최대한 긍정적으로 얘기한다 하더라도 은연중에 지원자의 속내가 드러나기 때문에 지극히 개인적인 감정으로만 호감이 간다, 호감이 안 간다라고 구분 짓는 지원자는 그 자체로 부정적인 평가를 받을 수 있다. BEST 답변은 역할론을 강조하여 감정에 치우치지 않고 객관성을 유지하고 있지만, WORST 답변은 개인적인 감정에 치우쳐 객관성이 담보되지 않았다는 것이 부정적 요인이다. 주의할 점은 후속 질문으로 호감이 가지 않는 사람과의 에피소드를 말해보라고 할 때, 자신도 모르는 사이 모든 원인과 책임은 상대방에게 있다는 뉘앙스를 풍기게 되면, 상대뿐만 아니라 상대를 비난하는 자신도 긍정적인 평가를 받기 어렵다는 것에 유의해야 한다.

Q36

취업을 제외하고, 현재 최대의 관심사는 무엇인가요?

학교에서 시행하고 있는 멘토 프로그램입니다. 졸업한 선배님이나, 기업의 실무 전문가를 멘토로 정해서, 관심 있는 분야에 지원을 하면, 전형을 거쳐 멘티로 받아주시는 프로그램입니다. 치열한 경쟁을 뚫고 ○○전자 영업본부장님의 멘티가 되어 한 학기 동안 기업에서 일어나는 세일즈에 관한 일련의 활동을 경험하였습니다. 제안서 작성에서부터 PT, 고객과의 커뮤니케이션 전략 등 프로젝트에 참여하면서 영업의 큰 틀과 세부적인 전략 수립에 관해 체험할 수 있습니다. 멘토 프로그램 기간에 습득한 경험을 바탕으로 당장 영업부에 배치되더라도 제 역할을 충분히 해낼 수 있으리라 자신합니다.

Worst

학창시절 입시 때문에 책 읽을 여유가 없었는데, 대학에 입학하면서 저의 관심사는 책이 되었습니다. 최근에는 '27살 이건희처럼'이란 경영계발서를 읽고 있는데, 일에 대한 열정과 준비과정을 배울 수 있는 좋은 기회라고 생각합니다. 귀사에 입사하게 되면 열정을 다해 맡은 바 분야에서 최상의 결과를 낼 수 있도록 최선을 다하겠습니다.

학창시절 관심사를 통해 지원자의 가치관과 경험치를 확인하려는 질문이다. 이런 질문에는 취미나 기호에 대해 언급하기보다는 자신이 지원한 업무분야와 연결고리가 있는 관심사를 얘기하는 것이 바람직하다. 직설적으로 취업이 관심사라는 것을 드러내기보다는 자신의 관심사가 업무에 도움이 된다는 방향으로 연결해야 한다. 취미나 기호, 운동, 독서 등은 답변으로는 문제가 없으나 주제가 식상해서 다른 지원자와의 차별을 꾀하기 어렵다.

Q37

20대에 꼭 한번 해보고 싶은 일이 있나요?

❶ 평생 직업으로 삼을 분야를 정하고, 해당 분야의 선두에 계신 분을 만나 그분의 경험과 비전을 들어보고 싶습니다. 저의 목표는 인사 전문가가 되는 것입니다. 저의 비전을 실현하기 위해 인간관계 경영학의 대가 데일카네기를 만나 그분의 삶과 철학을 배우고 싶습니다. 아쉽게도 고인이 되신 분을 직접 만날 수는 없지만, 그분이 남긴 훌륭한 저서를 통해 직접 뵙는 이상으로 그분의 철학과 지식과 경험을 배우고 학습하고 싶습니다.

❷ 진한 사랑을 해보고 싶습니다. 중고등학교 동안 동성 친구들하고만 지내다 보니 이성에 대한 막연한 동경과 연민의 정을 가지고 있습니다. 20대가 가기 전에 제대로 사랑하고 사랑받을 줄 아는 성숙한 인간이 되고 싶습니다.

Worst

얼마 전 잡지에서 인도에 대한 특집 기사를 본 적이 있습니다. 미지의 세계 인도를 여행하고 싶습니다. 그리고 경제적인 여유가 된다면 산티아고 순례길을 걸어보고 싶습니다.

Advice

지원자의 계획성과 도전 의지, 실천력을 알아보는 질문이다. 20대를 뜻깊게 보낸 지원자라면 회사에서도 역량을 제대로 발휘할 것이라고 면접관은 믿고 있다. BEST 1 답변은 자신의 미래를 분명히 하고 구체적인 모델까지 제시한 점에서 면접관의 기대를 충족하고 있다. 전문적인 지식이나 식견이 필요치 않은 질문에는, 진지하게 접근하는 방법도 좋지만, 간절함을 담아 진솔하고 재미있게 표현하는 방법도 효과적이다. BEST 2 답변은 무게감은 떨어지지만 면접 자리의 진지함을 벗고, 일순 긴장을 깨뜨리면서 지원자를 주목하게 만드는 효과가 있다. 다만 진정성이 없다면 BEST 1 답변처럼 진지한 답변이 낫다.

'마지막으로 할 말 있으면 하라~'는 대목에서 해야 할 말과 하지 말아야 할 말

'마지막으로 할 말 있으면 하라~'는 장면은 긴 시간 취업 준비에 시달린 지원자를 위로하고 긴장을 풀어주는 자리인 만큼, 유종의 미를 거둔다는 느낌으로 마무리하는 것이 좋은데, 마지막 멘트 하나로 면접 결과를 뒤집거나 해석이 달라지는 경우는 거의 없으므로 지나치게 의미를 부여할 필요는 없다. 다만, 도저히 우열을 가리기 힘든 경우나 두 사람을 놓고 다투는 면접관에게는 마지막 멘트 하나가 마음을 움직이는 열쇠가 될 수도 있으니 무리수를 두지 말고 실수를 줄인다는 마음으로 접근하는 것이 좋다. 마지막 발언으로 하지 말아야 할 말과 하면 좋을 말을 알아보고 적절한 멘트를 준비해 두면 도움 될 것이다.

'면접 기회를 주셔서 감사하다. 입사해서 선배님으로 다시 뵙고 싶다.', '꼭 입사하고 싶은 회사다. 최선을 다한 만큼 좋은 결과를 기대한다.'는 담담한 소회를 밝히는 것이 가장 무난하다.

하지 말아야 할 말과 행동

1. 자신을 과도하게 어필하는 말과 행동

면접 내내 검증하기 어려운 수사를 동원해 과하게 자신의 역량을 어필한 지원자가 마지막까지 자신의 강점을 어필하며 면접관의 피로를 가중시키는 경우가 있다. 이런 지원자는 간절함이 느껴지기보다는 속 빈 강정 같은 느낌이 들어 매력이 반감된다. 지나치면 부족함만 못하다는 것을 알아야 한다.

❶ 저는 책임감이 강하고 배려심이 뛰어난 사람입니다. 입사하게 된다면 직원들과의 소통을 통하여 맡은 바 업무를 끝까지 책임지고 완수해 내겠습니다. 꼭 저를 뽑아주십시오.

❷ 저의 강점은 도전정신과 글로벌 마인드입니다. 영어뿐만 아니라 중국어에 능통합니다. 이런 저의 어학 능력을 살려 귀사가 글로벌 강자가 되는데 일조하겠습니다. 감사합니다.

2. 업무나 근무여건에 대한 부정적인 질문

면접에 시달린 지원자를 위로하기 위해 편성된 시간인 만큼 면접관이 특히 편안한 분위기를 조성하게 되는데 이를 오판하고 자신의 평소 모습을 드러내거나, 이제 끝났으니 면접을 떠나 인간적으로 걱정되는 궁금증을 해소하기 위해 근무여건에 대한 부정적인 질문을 하는 경우가 있다. 긴장이 풀어지는 분위기에서 특히 조심해야 한다.

❶ 아까 면접관님께서 순환 근무가 있을 수 있다고 하셨는데, 그럼 공장에서 근무할 수도 있습니까?
❷ 모든 직원은 필수적으로 영업점 근무를 해야 한다고 하셨는데, 영업점에 배정되면 보통 몇 년 정도 근무합니까? 한번 영업점에서 근무한 다음에는 본사로 복귀하게 되나요?
❸ 지방 출장이 많다고 하셨는데 한 달에 몇 번 정도 가게 되나요? 출장 가면 1박을 할 수도 있나요?
❹ 야근이 많나요?
❺ 기타 업무나 근무여건에 대한 부정적인 질문들

3. 본 면접에서 제대로 답변하지 못한 부분이나 마음에 걸리는 내용이 있을 때 답변을 정정하거나 덧붙이는 경우가 있는데, 첫 답변보다 괜찮은 답변이 아니라면 굳이 같은 내용을 듣고 싶은 면접관은 없을 것이다. 자신의 아쉬움을 달래거나 속을 털어버리고 싶은 용도라면 모르겠지만, 크게 달라지지 않은 내용을 마지막까지 붙잡고 있는 것은 중요하지 않은 것에 마음을 쓰는 예민한 지원자로 비칠 수 있으니 주의해야 한다.

❶ 조금 전 영어로 자기소개를 해보라고 하셨는데 아까는 긴장해서 잘 못했습니다. 다시 해보겠습니다.
❷ 조금 전 우리가 왜 당신을 뽑아야 하는지 묻는 질문에 긴장해서 제대로 답변을 못했습니다. 만약 저를 뽑아주신다면 저를 뽑으신 것을 후회하지 않도록 정말 최선을 다하겠습니다. 등 앞선 답변과 별반 다르지 않거나 뻔한 내용인 경우는 아무런 도움이 되지 못한다.

하면 도움 되는 말과 행동

앞서 얘기한대로 마지막 발언 하나에 결과가 바뀌거나 달라지진 않겠지만 도저히 우열을 가리기 힘든 두 사람이 있다고 하면 마지막 멘트에 따라 면접관의 마음이 움직이는 경우도 있으니 부담스럽지 않는 선에서 자신의 간절함을 전달하면 도움 될 것이다.

❶ '면접을 준비하면서 회사에 대해 공부하면서 더 많이 알게 되었고 더 입사하고 싶어졌습니다. 최선을 다한 만큼 좋은 결과가 있었으면 좋겠습니다.', '면접 기회를 주셔서 감사합니다. 좋은 경험이었고 입사해서 선배님으로 꼭 다시 뵙고 싶습니다.'는 정도의 담백한 멘트가 진정성 있고 간절하게 다가온다.

❷ '이번이 세 번째 도전입니다. 그만큼 저에게는 꼭 입사하고 싶은 회사입니다. 이번 기회는 꼭 잡고 싶습니다.' 이 멘트의 경우는 이전에 해당 기업에 지원한 이력이 있는 경우에만 할 수 있는 멘트다.

❸ 본 면접에서 답변하지 못한 질문에 대해 나중에 기적적으로 답변을 기억해 낸 경우라면 마지막 발언을 통해 자신의 역량을 재평가 받을 수 있다. 위에 언급한 대로 본 면접과 비슷한 수준의 답변을 재탕하는 경우라면 결과는 달라지지 않겠지만, 전공이나 직무 관련 전문적인 질문에 대해 면접관이 인정할만한 수준의 좋은 답변을 내놓는다면 마지막 발언 기회를 자신의 것으로 만들 수도 있을 것이다.

Q38

자신의 비전은 무엇입니까?

저의 비전은 CEO가 되는 것입니다. 중학교 때 '아이아코카'의 자서전을 읽고 나서 저도 아이아코카처럼 평사원으로 입사해 그 회사의 CEO가 되겠다는 비전을 세웠습니다. 저의 비전을 위해 경영학을 전공하였고, 친구들이 CPA 시험을 치르고, 공사에 입사하는 동안에도 저의 비전은 단 한 번도 흔들린 적이 없습니다. 귀사에 입사하게 된다면 먼저 재무기획팀에서 기업의 자금 흐름과 운영을 배우고 생산과 영업을 두루 거치며 경영인으로서 다양한 경험을 쌓고 싶습니다.

Worst

저의 비전은 한 기업의 CEO가 되는 것입니다. 제가 한 회사의 CEO가 된다면 삼성의 이건희 회장님처럼 기술개발에 투자하여 세계를 선도하는 기업을 만들고 싶습니다.

Advice

꿈과 비전은 같은 맥락이지만, 꿈이 동경에 가까운 범주라면 비전은 목표에 가깝다고 할 수 있다. 따라서 비전을 묻는 질문에는 구체적이고 실현 가능한 계획이 따라와야 설득력을 얻을 수 있다. 자신의 비전이 CEO나 대통령이라고 하면 피식 웃음이 날 정도로 먼 얘기 같지만 BEST 답변은 왜 그런 비전을 품게 되었는지, 그 비전을 달성하기 위해 어떻게 노력하고 어떤 계획을 세우고 있는지 구체적이고 계획적으로 얘기하고 있어서 신뢰가 간다. WORST 답변은 똑같이 CEO가 비전이라고 말하고 있지만, 논리성, 구체성, 계획성이 결여된 막연한 답변으로 아직도 어릴 때의 꿈을 깨지 못한 철부지로 인식될 뿐이어서 안타깝다.

Q39

자신에게 가장 큰 영향을 준 사람이나 존경하는 인물에 대해 말해 보세요.

Best

❶ 고3 때 담임 선생님입니다. 대학에서의 전공과 앞으로 진로를 결정하는 데 많은 조언을 해주셨습니다. 기술이 대우받는 시대가 될 것이라고 생각하면서도 이과가 적성에 맞지 않아 고민하던 저를 위해, 저의 적성과 대학 졸업 후의 진로, 비전을 비교 분석하여 문과를 선택하도록 조언해 주셨고, 갈팡질팡하던 저는 제자리를 찾아 공부에 매진하여 원하던 대학에서 경영학을 전공하게 되었습니다. 그때 선생님의 조언이 없었더라면 저의 적성은 고려하지 않고 유망 직종만 따져서 진로를 결정했을 것이고, 직업인으로서 행복한 삶을 살지 못했을 것이라 생각합니다.

❷ 가장 존경하는 분은 헤비다트 봉사활동을 통해 알게 된 김주호 팀장님입니다. 자신도 몸이 불편해 도움을 받아야 하는 상황임에도 불구하고 소외된 이웃들을 위해 돌을 나르고, 못을 박고, 집 짓는 일에 동참하는 모습을 보면서 많은 것을 배우게 되었습니다. 사회적으로 알려졌거나 유명한 분은 아니지만 사회에 봉사하는 그런 분들이야말로 우리 사회를 지탱하는 든든한 버팀목이 아닌가 생각합니다. 봉사활동을 한다고 스스로 우쭐한 마음이 있었는

데, 김주호 팀장님을 통해 봉사는 내가 해주는 것이 아니라 내가 가진 부분을 공유하여 서로에게 도움을 주고받으면서 상호 발전해 나가는 것이라는 교훈을 얻었습니다.

Worst

저의 부모님입니다. 제가 고2 때 아버님의 사업 실패로 대학에 갈 형편이 안 되었지만, 대학 공부만은 꼭 시키겠다며 어렵다는 내색도 않으시고 항상 저를 위해 희생하시고, 제가 잘되기만을 바라는 부모님이 가장 훌륭한 멘토입니다.

Advice

존경하는 사람이 누구냐? 멘토가 누구냐? 와 같은 맥락의 질문이다. 사회경험이 많지 않은 신입이라는 것을 면접관도 알기에 거창한 답을 기대하는 것도 아니니 큰 부담 없이 답변해도 무방하다. 반대로 아주 극적이고 커다란 경험담이 있다면 굳이 숨길 필요는 없다. 다만, 부모님을 거론하는 것은 가급적 지양했으면 한다. 존경하는 사람, 멘토, 닮고 싶은 사람 등 어떤 주제가 나와도 오로지 부모님만 찾는 지원자가 있다. 이런 지원자는 경험치가 얕고 사회성이 떨어져 보여 부정적이고 너무 평범하고 식상해서 아무런 특징 없이 그냥 잊혀지는 지원자가 되고 만다. 평범하고 식상하다는 점을 빼면 WORST 답변도 잘못되지 않았다. 다만, 너무나 많은 지원자가 자신의 부모님을 가장 존경한다고 답하고, 끝없는 사랑과 희생을 그 이유로 든다. 세상 어떤 자식이 부모님을 존경하고 사랑해 마지않을까? 세상 어떤 부모님이 자식을 위해 자신의 모든 것을 버리고 희생하고 사랑해 마지않을까? 그런데 과연 면접자리에서까지 이런 진리를 곱씹을 필요가 있을까? 20년 넘게 살면서 부모님 외에 존경하는 인물을 단 한 명도 만들지 못했다면 이것이 더 안타까운 일이 아닌가? 존경의 대상이 누구인지는 중요하지 않다. 왜 존경하는지, 자신의 가치관에 어떤 영향을 미쳤는지가 면접관이 궁금한 진짜 이유일 것이다. 사회로 진출할 준비가 덜 된 미숙한 지원자를 뽑아 줄 회사는 어디에도 없다는 것을 명심하자.

Q40

인생에서 가장 가치 있다고 생각하는 것은 무엇입니까? 또 그 이유는?

Best

다시 일어서는 것이라고 생각합니다. 살아가면서 많은 위기와 기회를 맞게 되는데 실패를 하더라도 포기하지 않고 다시 일어서는 것이 가장 가치 있는 일이라고 느끼고 있습니다. 빅터 프랭클의 죽음의 수용소에서 라는 책에서 읽은 글인데 문장이 정확하게 기억이 나지는 않지만 비록 수용소에 갇혀있더라도 살 것인가 죽을 것인가를 선택할 수 있는 자유만큼은 나에게 있다는 의미의 글이었습니다. 결국 포기하는 것도 나의 선택이고 역경을 딛고 다시 일어나는 것도 나의 의지라는 것입니다. 저는 제 부모님이 그러셨던 것처럼 앞으로 살아가면서 경제적인 어려움 또는 건강상의 어려움 등 여러 가지 종류의 어려움을 겪게 될 거라고 생각하고 있습니다. 제가 뛰어난 역량을 보유한 사람은 아니지만 어떤 어려움을 겪게 되더라도 꼭 다시 일어서는 사람이 될 것만은 제 자신 스스로 확신하고 있습니다.

Worst

자아실현이 가장 중요한 일이라고 생각합니다. 개인의 발전과 사회에서 필요한 인재로 성장함으로써 모두에게 유익한 삶이 된다고 생각하기 때문입니다. 제가 살아가는 동안 자아실현을 위한 노력을 게을리하지 않을 것입니다.

Advice

이런 정답이 없는 질문은 색다른 답변, 면접관의 허를 찌르는 답변이 평범한 답변보다 훨씬 유리하다는 것을 알아야 한다. WORST 답변처럼 평범하다 못해 지루하기까지 한 답변을 하는 지원자가 있는 이유는, 면접관과 지원자 사이에 존재하는 입장 차이 때문일 것이다. 같은 맥락의 질문을 한 사람이 반복해서 받는 경우는 없으므로 지원자 입장에서는 단 한 번의 질문이 되지만, 면접관의 입장에서는 수십 수백 명의 지원자에게 던지는 질문이 되므로 지원자는 나름대로 고심한 답변이라도 면접관은 지루함을 느낀다. '자아실현', '행복', '사랑'과 같은 뻔한 결말이 예상되는 평범한 키워드는 지양하고, 지원자가 던지는 화두 자체에서 그 이유가 궁금하고 결말이 솔깃해지는 색다른 키워드를 찾아볼 것을 권한다.

Q41

자신의 미래의 모습은 어떨 것이라고 생각합니까?

저는 컴퓨터 공학을 전공할 때부터 네트워크 엔지니어가 되는 것이 꿈이었고, 차세대 이동통신 국제 기술표준을 선도하는 귀사에서 최고의 엔지니어로 성장하는 것을 목표로 하고 있습니다. 앞으로 5년 후에는 한 부서의 팀장으로서 일선 현장에서 진두지휘하는 엔지니어가 되어 있을 것이며, 10년 후에는 네트워크 분야의 박사 학위를 지니고, 국내외 학술지에 새로운 프로토콜에 대한 논문을 기고하여, 귀사의 핵심역량을 한 차원 끌어 올리는 리더가 되어 있을 것입니다.

Worst

제가 계획을 세운다고 실제로 이뤄지는 것은 아니겠습니다만, 5년 후에는 한 지점의 소장이 되어 있었으면 좋겠고, 10년 후에는 규모가 작더라도 제 사업을 하고 있었으면 좋겠습니다. 저는 거창한 계획보다 하루하루 성실히 실천하는 것이 더 중요하다고 생각하며, 안정된 미래를 위해 오늘을 절제하는 사람이 되겠습니다.

Advice

자신의 미래 계획을 세워둔 사람이 그렇지 않은 사람보다 성공 가능성이 크다는 것은 다양한 조사 결과에서 증명되고 있다. 미래 계획을 세우는 것은 망망대해에 등대를 세워두는 것으로 비유할 수 있다. 멀리 있어서 막연해 보이지만, 그 불빛을 보고 가면 도착하는 시간은 다를지라도 방향을 잃지는 않는다. 기업에서는 회사의 지시가 없어도 본인의 업무 분야에서 최고가 되려고 노력하는 자발적 열정을 지닌 사람을 원한다. 개인과 회사의 목표가 일치한다면 더할 나위가 없겠지만, 설령 회사의 목표와 차이가 있다고 해도 자발적 열정이 있는 사람은 조직을 생동감 있게 만든다는 것을 기업은 잘 알고 있다.

Q42

살면서 가장 힘들었던 때는 언제입니까? 어떻게 극복하셨나요?

제가 중학교 2학년이 되던 해에 어머님이 돌아가셨는데 그때가 지금까지 살아오면서 가장 힘들었던 시기였다고 생각됩니다. 학교에 다녀와서 응석도 부리고 투정을 부려도 늘 따뜻하게 안아주시던 어머니의 부재는 어린 제가 겪어내기에는 너무 어려운 일이었습니다. 평소 성실했고 성적도 우수했던 저였지만 정신적인 방황이 길어지면서 성적이 떨어지기 시작했고, 급기야 중학교 3학년 담임 선생님께서 고교 진학이 어렵다고 했을 정도로 학업에 소홀했습니다. 이때 문득 어머니 생각을 해보게 되었습니다. 만일 어머니께서 하늘에서 보고 계시다면 제가 어떻게 살아가는 것을 바라실까? 라는 생각을 하게 되었고 늦었지만 고등학교는 꼭 가야겠다고 생각한 저는 마음을 다잡고 공부에 전념해서 고등학교에 가까스로 진학할 수 있었고, 그때부터 ○○대학교 ○○학과를 목표로 공부에 매진하기 시작했습니다. 하루 일정을 노트에 적어가며 공부를 시작했고 고등학교 3학년 때까지 하루도 빠짐없이 계획을 실천하였습니다. 그 결과 성적이 꾸준히 올라 ○○대학교에 진학할 수 있었습니다. 이젠 어떤 일이 있으면 쉽게 포기하기보다 실패하더라도 끝까지 해보는 편입니다. 결과가 반드시 좋을 수는 없지만, 끝까지 해보는 승부 근성이 생겨 살아가면서 다른 어려움을 맞이하게 되더라도 충분히 극복할 수 있을 것으로 생각합니다.

Worst

친구들과 유럽으로 배낭여행을 갔다가 지갑을 소매치기당한 경험이 있습니다. 여행을 떠나기 전 부모님께서도 여러 차례 당부를 하셨는데 잠시 한눈을 파는 사이에 소매치기를 당했습니다. 잠시 당황을 하긴 했지만 부모님께 전화를 드렸고 부모님께서 현지 외환은행 위치를 알려주시고 송금을 해주셔서 무사히 여행을 마칠 수 있었습니다.

Advice

지원자의 의지가 강한지 실천력이 있는지 확인하는 질문이다. 요즘에는 조금만 힘든 일이 주어져도 쉽게 그만두는 사람이 많다 보니 면접관도 이런 부류는 일찌감치 골라내고 싶을 것이다. 자신이 만났던 최악의 상황을 한데 묶어 시리즈로 엮어내는 지원자는 곤란하다. 면접관은 그 나이에 맞는 보편타당한 경험과 고민을 가진 사람을 선호한다. 배우자를 고를 때와 같다. 귀하게 자란 도련님이나 공주님 스타일도, 모질게 고생하며 세상의 따뜻한 시선에서 소외된 사람도 배우자감은 아니라는 이치와 같은 것이다. 구체적인 사례를 들고 확실한 극복담을 전달해야 면접관의 신뢰를 얻을 수 있을 것이다.

Q43

인생에 큰 변화의 계기가 될 만한 일이 있었나요? 그 영향은?

Best

나카지마 다카시 작가의 '20대, 무엇을 어떻게 할 것인가'라는 책의 내용 중에 메이저리거로 활약하는 스즈키 이치로 선수가 초등학교 6학년 때 자신의 꿈에 대해 썼다는 글을 보고 충격을 받았습니다. 프로 야구 선수가 되는 꿈을 이루기 위해서는 하루에 연습을 몇 시간을 해야 하고, 일주일에 친구들과 놀 수 있는 시간은 몇 시간이며, 중고등학교에서는 어떤 활약을 해야 하는지 적었다는 글을 읽으며, 대학생이 되어서도 자신의 미래에 대해 궁금해하지도 않는 저를 돌아보게 되었습니다. 이후로 저는 다이어리에 오늘 해야 할 일, 이번 주, 이번 달, 올해에 해야 할 일을 기록하는 습관을 갖게 되었고, 시간을 낭비하지 않고 목표를 이루기 위해 노력하는 삶을 살고 있습니다.

Worst

군 시절 동계 훈련 때 야간 행군을 하면서 체력적으로 힘들어하던 후임 병사의 군장을 대신 들어주었던 적이 있었습니다. 그날 이후 제가 어려운 일이 있을 때 후임이 자발적으로 돕는 것을 보고 누군가가 어려움에 처해 있을 때 적극적으로 나서 돕는 것이 중요하다는 것을 느낄 수 있었습니다. 저는 회사에 입사해서도 다른 동료들이 힘든 업무를 할 때 제가 자발적으로 나서서 도움을 주는 사람이 되도록 노력하겠습니다.

Advice

BTS의 공연을 보면서 세계의 수많은 젊은이들이 열광하고 있고 자신들도 그런 가수가 되고 싶다는 꿈을 키우게 된다. 한국 여자 골프에서는 박세리 키즈가 있고, 손흥민 선수를 보며 프리미어 리그를 꿈꾸는 어린 선수들도 수도 없이 많을 것이다. 슛돌이로 유명했던 이강인 선수의 활약을 보며 이강인 키즈 또한 자라고 있을 것이다. 모든 위대한 사람들은 한결같이 자신의 삶에 큰 변화를 이끈 계기가 있다. 계기는 무언가에 몰입하게 만들고, 몰입은 열정을 느끼게 하여 결국 열정이 있는 사람이 성공에 이르기 때문에 인생에 변화를 준 계기가 무엇이었는가에 대해 묻는 것이다.

입사 이후에 가장 먼저 하고 싶은 일은 무엇인가요?

대학 시절 댄스동아리에서 배운 셔플 댄스로 회사를 홍보할 수 있는 쇼츠를 만들어 유튜브 영상으로 올려보고 싶습니다. 셔플 댄스와 회사의 이미지와의 연관성은 좀 더 고민을 해봐야겠지만 선배님들, 동료들과 머리를 맞대고 아이디어를 내다보면 대학시절 댄스 대회에 나가서 대상을 받았던 것처럼 번뜩이는 작품을 만들 수 있을 것으로 생각됩니다. 설령 이 영상을 통해 회사를 홍보하는데 실패하더라도 많은 선배님들께서 제 영상을 보시고 저를 기억해주신다면 제가 회사 조직에 적응하는데 많은 도움이 될 것으로 생각됩니다.

Worst

최대한 빨리 업무에 적응할 수 있도록 노력하고, 필요하다면 외부 교육을 통해서 하루 빨리 맡은 분야의 전문가가 되겠습니다. 모르는 것이 생기면 선배님들께 물어보고, 제일 먼저 출근하고 제일 나중에 퇴근하는 성실한 신입 사원이 되겠습니다.

Advice

신입 사원을 뽑을 때 가장 중요하게 생각하는 덕목은 인성이다. 업무 전문성을 갖추는 것도 당연히 중요하겠지만 아직 회사에서 기대하는 역량을 펼치기엔 물리적인 시간이 필요한 신입의 입장이라면 인성이 돋보일 수 있는 콘텐츠를 장착하는 것이 득이다. 인성과 태도, 창의성, 업무역량, 미래 발전 가능성 등은 평가항목에서 똑같이 20~30%의 배점이 책정되어 있지만 실제로는 인성과 태도에서 90% 이상 당락이 좌우된다고 보면 맞다.

Q45

본인의 가치관과 현실의 문제가 서로 충돌한다면 어떻게 하겠습니까?

❶ 저는 사회 경험도 많지 않고 식견도 풍부하지 않아 가치관이 탄탄하게 자리 잡기에는 아직 부족한 점이 있습니다. 더 많은 경험을 하고 그것이 저의 가치관으로 자리매김하기까지는 그것이 불법이거나 다른 사람에게 피해를 주지 않는 이상, 현실을 고려하여 생각하고 행동하는 것이 맞다고 생각합니다. 제가 회사 직원이면 소속된 조직과 구성원을 위해서 저의 개인적인 가치관과 다소 맞지 않더라도 기꺼이 감수해야 한다고 생각합니다.

❷ 가치관에 따라 행동할 것입니다. 저의 가치관은 다수의 이익과 조직의 발전을 우선 고려하기 때문에 현실적으로 다수의 이익을 위해 행동하는 것이 저의 가치관에도 부합한다고 생각합니다. 따라서 가치관과 현실이 심각하게 충돌하지 않는 이상 현실을 배제하고 무조건 가치관을 좇아 행동하지는 않을 것입니다.

현실에만 맞춰 행동한다면 저의 가치관과 어긋날 것이고, 가치관에만 맞춰 행동한다면 현실에 맞지 않을 것입니다. 따라서 저는 가치관을 따르되 현실이 잘 반영될 수 있도록 적절한 절충안을 찾아 문제를 해결하도록 하겠습니다.

Advice

이 질문은 회사에 입사해서 다소 불편하거나 꺼려지는 일이 있더라도 조직을 위해 기꺼이 감수하고 해낼 수 있는 지원자인지를 알아보기 위한 질문이다. 가치관과 충돌하더라도 현실에 맞게 행동하겠다는 답변이 질문 의도에 맞는 답변이라 할 수 있다. BEST 답변처럼 조직의 일원으로서 공동의 목표에 부합하는 것이 곧 자신의 가치관에 부합하는 것임을 어필하면 가치관에 따른다는 답변도 문제 될 게 없다. WORST 답변은 자신의 의견을 말하기에 앞서 뻔한 설명으로 시간을 허비하고 결국은 가치관과 현실의 절충안을 찾는다는 틀에 박힌 답변으로 매력을 잃었다. 어느 한쪽에 치우치면 부정적으로 비쳐질까 두려워 이거 반 저거 반의 절충형 답변은 결국은 이도 저도 아닌 뜨뜻미지근한 결과를 얻게 될 것이다. 모범답안이 정해진 이런 질문에는 불필요한 논란을 자초할 필요가 없다.

Q46

올 한해 바꾸고 싶은 점과 그것을 위해 어떤 노력을 할 것인지?

❶ 저는 내향적이지만 장기적인 관점에서 내향적인 면과 외향적인 면이 조화를 이루도록 노력할 계획입니다. 외향성을 추구하는 사회에서 내향적인 성향으로 인해 학창시절 크고 작은 상처를 입기도 했지만, 수잔 케인의 '콰이어트'라는 책을 읽고 내향인의 에너지가 외향인과는 다른 장점이 있다는 것을 깨닫고 외향적이어야 한다는 압박에서 벗어날 수 있었습니다. 느리고, 답답하고 시작을 어려워하지만 일단 시작하면 짜임새 있고 체계적이며 완성도가 높은 결과를 얻을 수 있다는 것을 알기에 무엇이든 처음 스타트와 시도하는 것이 중요하다고 생각합니다. 올 한해는 일단 시작하고 시도해 보는 노력을 하겠습니다.

❷ 취업을 최우선 목표로 생활하다 보니 과거에 즐겨하던 러닝을 게을리 하게 되었습니다. 예전에는 5km씩 주 5회 이상 달리며 심신을 단련했는데 스펙을 쌓기 위해 자격증 공부에 매달리다 보니 밖에 나가는 시간이 아깝다는 생각에 차츰 운동을 소홀히 하게 되었습니다. 스펙도 어느 정도 쌓인 만큼 1km 이상 주 3회 이상 달리기를 시작으로 점차 몸을 끌어올려 무리 없이 예전 습관을 찾을 수 있도록 하겠습니다.

저는 다른 사람의 부탁을 잘 거절하지 못하는 편입니다. 그러다 보니 제 일이 있는데도 다른 사람의 일을 떠맡아 종종 제 일을 그르치는 경우가 있었습니다. 이제는 무조건 남의 부탁을 들어주기보다는 제 일을 먼저 처리하고 무리가 가지 않는 선에서 남의 일을 도와주도록 하겠습니다.

Advice

사람은 잘 바뀌지 않는다는 말이 있듯 지원자들의 성격이나 평소 습관을 들어보고 입사 후의 일에 대한 태도나 자세, 어떤 과정을 통해 발전적인 방향으로 나아갈지를 가늠해보는 질문이다. 자신의 좋지 않은 습관이나 성격이 드러날까 소극적으로 답변하는 사람이 많은데 스스로 극단적인 치부를 드러낼 필요는 없지만, 그렇다고 WORST 답변처럼 전혀 단점이 아닌데 억지스럽게 단점으로 끼워 맞추는 지원자를 보면 진정성 없고 자신감 없는 사람으로 보여 매력이 떨어진다. 같은 예로 '다른 사람의 부탁을 잘 거절하지 못한다' '한 가지 일에 집중하면 다른 일은 소홀해진다' 등이 대표적이다. 장점에는 많은 시간을 할애해 장황하게 설명하면서 단점을 말하는 것은 유난히 힘들어하고 심지어 한마디도 하지 않는 지원자도 있다. 면접관이 자신의 진짜 단점을 알지 못하도록 차단막을 치는 것인데 이로 인해 오히려 가볍게 넘어갈 사안도 저 사람은 절대 뽑아서는 안 되겠다는 부정적인 인식을 심어줄 수 있으니 주의해야 한다. 단점에 초점을 맞추기 보다는 어떤 과정을 통해 어떻게 개선됐는지, 개선해 갈지에 의미를 두기 바란다. 개선할 부분 얘기한다고 그것으로 합격 불합격이 결정되는 것은 아니다.

Q47

살아오면서 실수한 일이 있다면 무엇이고, 어떻게 대처했습니까?

방학 때 지인이 하는 펜션에서 일을 도와드리기로 했는데 갑자기 인턴에 합격해서 어쩔 수 없이 약속을 지키지 못한 것이 제가 살면서 했던 가장 큰 실수입니다. 갑작스럽게 결정된 일이라 아르바이트가 구해지기 전까지 친구에게 저 대신 일을 도와달라고 간곡히 부탁했습니다. 그리고 지인분께 사정을 설명해 드렸고 친구가 펜션 일을 하게 돼서 다행히 별일 없이 넘어갈 수 있었습니다. 주말에 펜션으로 찾아가 죄송하다는 말씀을 드리고 열심히 일을 도와드렸습니다. 펜션까지 찾아와 정중히 사과하는 저를 보시고 지인께서도 마음을 푸셨고 아르바이트도 금방 채용되어 펜션 운영에는 지장이 없었다며 인턴 생활 잘 해서 꼭 좋은 회사에 취직하라며 격려해 주셨습니다.

Worst

친구들과 여행을 가기로 한 전날 찜질방에서 잠을 잤는데 휴대전화를 옷장에 두고 연락을 받지 못해 친구들을 난감하게 했던 적이 있습니다. 뒤늦게 연락을 했지만 기차 시간이 있어 친구들은 먼저 여행을 떠났고 저 혼자 늦게 따로 출발했던 기억이 있습니다. 여행 내내 친구들의 짐을 대신 들어주고 잔심부름을 하는 등 저의 실수를 만회하기 위해 노력했고 친구들도 저의 마음을 알아주었습니다.

Advice

누구나 실수를 하면서 살아가지만, 면접에서 자신의 치명적인 실수를 드러내기란 쉽지 않다. 그렇다고 실수 같지 않은 실수를 말하기엔 자신감 없어 보이고 빈약한 느낌이다. 그런 점에서 BEST 답변은 본의 아니게 실수를 했지만, 자신을 대신해 도와드릴 친구를 섭외하는 등 상황 대처가 빨랐고 따로 찾아뵙고 정중히 사과하는 진정성을 보임으로써 면접관의 눈도장을 찍었다. WORST 답변은 흔히 할 수 있는 지극히 현실적인 답변이지만 BEST 답변과 비교하면 주의력이 부족한 지원자의 평소 모습이 그려지는 것은 어쩔 수 없는 사실이다.

Q48

살면서 자신이 타인에게 큰 도움을 준 적이 있나요?

마트에서 장을 본 뒤 배송 서비스를 신청하고 마트를 나서려는데 계산대에서 실랑이가 벌어진 것을 보았습니다. 배송 서비스가 마감되어 오늘 배송은 끝났고 내일 순차적으로 배송된다는 말을 듣고 배송 서비스를 신청하려던 아주머니가 배송 마감이 5분밖에 지나지 않았다며 오늘 배송이 아니면 안 된다고 항의하고 있었습니다. 배송 마감 시간은 정해져 있고 차량 적재함에도 한계가 있어 더 이상은 안 된다며 직원은 곤란해 했습니다. 막무가내인 아주머니가 밉기도 했지만, 카트에 많은 물건을 담고 난감해하는 아주머니의 처지가 마음에 걸려 저 대신 아주머니 물건을 배송해 드리라고 양보해 드렸습니다. 그리고 신선식품은 봉지에 담아 들고 상온품과 부피가 있는 물건은 내일 배송 받기로 하고 마트를 나섰습니다. 아주머니와 마트 직원들은 난처한 상황을 해결할 수 있었다며 고마워했습니다. 큰 것은 아닐지 모르지만 누군가를 도왔다는 사실이 뿌듯했습니다.

친구의 도서관 자리를 맡아주고, 보육원에 봉사 활동을 갔던 일이 있습니다. 큰 도움은 아니더라도 제가 할 수 있는 일이 있다면 최선을 다해 도우려고 노력하고 있습니다.

Advice

조직구성원이라면 누구든 서로 크고 작은 도움을 주고받으며 살아간다. 다른 사람을 도운 경험이 있는지 확인하는 것은 지원자가 조직구성원으로서 중요 덕목을 가졌는지 알아보는 질문이다. 크기가 크든 작든 그저 경험한 사례를 진솔하고 구체적으로 피력하면 된다. 면접관 역시 거창하고 대단한 것을 기대하는 것은 아니다. 지원자가 조직구성원으로서 갖추어야 할 덕목을 지니고 있는지 다른 사람에 대한 배려심이 있는지 살펴보는 정도라고 생각하면 된다. 진솔하고 구체적인 경험담을 통해 면접관과 인간적인 교감을 하는 것이 중요하다. WORST 답변은 친구의 도서관 자리를 맡아주었다는 것은 다른 누군가의 기회를 뺏은 것이므로 오히려 이기적인 행동으로 보일 수 있고 보육원 봉사 활동은 훌륭한 행동이지만 많은 지원자의 단골 주제라는 점에서 너무 흔해서 신선함을 잃었다.

Q49

경영자가 된다면 회사를 어떻게 이끌어 보고 싶은가요?

Best

제가 경영자가 된다면 경영자의 본분인 먹거리를 창출하는데 집중하면서, 적극적인 소통을 통해 직원들을 동기부여하고 공동의 목표를 이루는데 필요한 지원과 조력을 아끼지 않겠습니다. 또, 직원들의 교육에 가용한 모든 것을 투자하고 싶습니다. 교육을 통해 직원들의 역량이 향상되면 자신들의 역량을 다시 회사로 가져오는 선순환 구조를 만들고 싶습니다. 직원들이 잘돼야 회사가 잘된다는 마음으로 작은 것부터 실천하는 경영자가 되겠습니다.

Worst

출근하고 싶은 회사, 일하기 좋은 직장, 애사심이 높고 기업문화가 훌륭한 기업으로 만들어 보고 싶습니다.

Advice

경영자가 된 지원자의 모습을 통해 지원자가 어떤 리더십을 발휘할 것인지,

어떤 부분에 주안점을 두고 회사를 경영 할 것인지 지원자의 조직 관리 능력과 경영 능력을 가늠해보는 질문이다. 경영 능력은 꼭 경영자에게만 요구되는 덕목은 아니다. 각자 맡은 바 직무에서 책임감을 가지고 역량을 발휘하는 것이 개인 각자의 경영 능력이며 좋은 개인이 모여 좋은 회사를 만들고 훌륭한 기업으로 발전해 가는 토대가 된다. WORST 답변은 좋은 회사를 만들기 위해 어떤 실행 계획을 가지고 있는지에 대한 구체성이 결여된 답변이다. 누구나 한 번쯤은 기업의 경영자를 꿈꿔 봤을 것이다. 막연한 결과만을 꿈꿀 것이 아니라 구체적인 계획을 가지고 이를 이루기 위해 노력한다면 직장생활 하는 데 많은 도움이 될 것이다. 이는 면접에서뿐만 아니라 어디서든 자신의 방향을 제시해주는 구심점 역할을 할 것이다.

입사 결정 후 3개월이 주어진다면 가장 하고 싶은 일은 무엇인가요?

❶ 예비 직장인으로서의 면모를 갖추는데 시간을 할애하고 싶습니다. 지금 하고 있는 아르바이트를 입사 전까지 할 생각이며, 시급으로 양복 한 벌 장만해서 직장인으로서의 풍모를 갖추겠습니다. 꾸준히 공부하고 있는 영어와 PPT, 엑셀 능력을 보강해서 실전에 바로 활용할 수 있도록 할 계획이며, 업무에 필요한 자격증이 무엇인지 알아보고 몇 년 후 어떤 자격증을 취득할 것인지 장기적인 계획을 세워 도전할 채비를 할 생각입니다. 1주일 정도 시간을 내서 부모님과 여행을 떠나 그간 힘드셨던 부모님을 잠시나마 위로해 드리는 시간도 가지고 싶습니다.

❷ 취업 준비하느라 힘들었던 저에게 해외여행을 선물하고 싶습니다. 코로나 때문에 여행을 못 가기도 했고 입사하면 당분간은 적응하기 바빠서 해외여행 가기는 어려울 것 같습니다. 사전에 여행을 통해 견문을 넓히고 입사 후 스트레스 상황에 대비한 힐링 여행을 하고 싶습니다.

너무 긴장돼서 딱히 떠오르는 것은 없지만 우선 좀 쉬면서 생각해보겠습니다. 여행을 가장 먼저 갈 것 같습니다.

Advice

긴장된 면접 자리지만 잠시나마 여유를 갖고 긴장을 풀라는 의미에서 가볍게 던지는 질문이기도 하고, 3개월이라는 제법 긴 시간이 주어진 만큼 그 시간을 어떻게 알차게 보낼 것인지 알아보기 위한 질문이기도 하다. 지원자가 지금 가장 갈급한 것을 말하면 되는데, 여행을 간다거나 아르바이트 한 돈으로 출근용 양복을 산다는 것이 신입다운 가장 현실적인 답변이다. BEST 답변 ❶처럼 서너 가지를 얘기하면 가장 하고 싶은 일 한 가지만 말하라는 주문이 나올 수 있는데 그때는 본인이 가장 마음이 가는 한 가지를 말하면 된다. WORST 답변처럼 어떤 질문을 해도 AI처럼, "긴장돼서, 긴장돼서"를 연발하는 지원자가 있는데, 이런 경우는 반드시 긴장을 풀 수 있는 자기만의 필살기를 찾아 필요할 때 도움을 받아야 한다. 심호흡을 하거나 긴장하지 말라고 스스로를 독려하는 것은 사실 그다지 효과가 없다. 우황청심환을 복용하든, 소화제를 먹든, 진통제를 복용하든 심신을 안정시킬 물리적인 방법을 찾아서 사전에 테스트해보고 본인에게 맞는 방법을 찾아 면접 때나 극도의 긴장이 올라올 때 활용하면 좋다.

면접에 관한 Q&A

1

Q *다른 회사에 합격했다고 하면 불리할까요?*

A 불리하지 않다. 오히려 합격한 회사가 한 군데도 없는 지원자는 어딘가 매력 없고 자신감이 부족한 사람으로 보인다. 또, 설마 한 군데도 합격한 데가 없을까 의구심이 들기도 하고 다른 데서 뽑지 않은 사람을 우리가 왜 뽑아야 하느냐는 부정적인 심리가 발동할 수도 있다. '다른 회사에 합격했지만 귀사를 우선순위에 두고 있기 때문에 이 자리에 왔다'는 것을 강조하고 진정성을 어필하는 것이 좋다. 다만, 어디서나 나를 뽑고 싶어 하는 잘난 사람이라는 태도는 곤란하다. 겸손한 태도를 유지하면서 간접적으로 자신감을 드러내고 회사에 대한 진정성을 어필하는 것이 바람직하다.

2

Q *면접 시간에 지각했을 때는 어떻게 해야 할까요?*

A 지각한 지원자에 대한 대처는 기업마다 제각각이다. 지원자를 잠재적 고객으로 보고 아무리 늦더라도 기회를 부여하는 회사가 있는 반면, 지각한 자체로 태도 불량으로 간주해 면접 기회를 주지 않는 회사도 있다. 또 채용방침이나 면접 당시 상황에 따라 어떤 스탠스를 취하느냐는 것도 다를 수 있어 부득이하게 지각을 하더라도 좌절하거나 체념하지 말고 주최 측에 전화를 걸어 적극적인 면접 의지를 표명하는 것이 중요하다.

지각에 대비한 구체적인 대응 방안으로는,

❶ 면접 1주일 전 같은 요일 같은 시간대에 면접 장소를 미리 방문해보고 교통 상황이나 요일에 따른 변수를 사전 체크한다. 이때 포착된 상황을 감안해 면접 당일 최소 30분~1시간 정도 미리 출발해 여유 있게 면접 장소에 도착한다.

❷ 기업 담당자의 연락처를 확보하고 사전 연락해 연결이 가능한 번호인지 확인한다. 문자로 면접 통보를 받은 경우 전화 연결이 안 되는 경우도 있어 연락 가능한 번호를 파악해 만일의 사태에 대비한다.

❸ 부득이 지각한 경우에는 주최 측에 전화해 얼마쯤 늦겠다고 알리고 면접 의사를 전달한다. 대부분 면접 진행 전에 대기 시간을 배정하고 있어 면접 시작 전에만 도착하면 큰 문제 없이 면접에 참여할 수 있으므로 당황하지 말고 주최 측의 안내를 따른다.

❹ 비교적 면접 모듈이 단순하고 인원이 많지 않은 경우는 구제 가능성이 높다. 절대 불가인 경우를 제외하고는 면접이 이미 시작된 경우라도 뒤 순서에 배정하거나 면접이 끝난 후 단독 면접을 해서라도 면접 기회를 부여하고 있으니 위축되지 말고 주최 측에 연락해 도움을 청하는 것이 바람직하다.

❺ 대기업이나 규모가 있는 공공기관의 경우 토론면접, PT면접, 영어면접, 역량면접, 인성면접 등 다양한 모듈의 면접을 몰아서 진행하고 있기 때문에 일단 면접이 시작되면 기회를 주려해도 방법이 없는 경우가 대부분이다. 이런 경우는 면접 기회를 얻기 어렵기 때문에 다음을 기약하는 수밖에 없다.

3

Q *하나의 면접 과정에서 심하게 실수한 경우에는 어떻게 해야 할까요?*

A 대개 3~5단계(집단토론–PT면접–영어면접–실무면접–임원면접) 면접이 동시다발적으로 진행되는데 전 과정이 끝나야 최종 결과가 집계되는 만큼 하나의 과정은 전체 결과에 아무런 영향을 끼치지 못한다. 심하게 실수한 경우도 어디까지나 본인의 판단일 뿐 면접관의 평가는 다를 수 있으므로 자의적인 해석은 곤란하다. 다만 면접에는 과락이 존재한다. 업무를 수행하기 어려울 정도로 역량이 부족하거나 인성이나 태도에 문제가 있는 경우 과락으로 평정하고 불합격 처리하게 되는데, 많은 관문을 거쳐 면접까지 온 만큼 어지간하면 과락으로 처리하지 않으며, 실수와 역량은 다른 문제이므로 하나의 단계에서 실수했다고 위축되지 말고 한 단계 한 단계 최선을 다해야 한다. 잘했든 못했든 최대한 빨리 전 단계 면접을 잊어버리는 것이 상책이다.

4

Q *치아 교정 중인 사람은 어떻게 해야 할까요?*

A 치아 교정은 면접 결과에 별다른 영향을 끼치지 못한다. 가끔 면접 시작 전에 치아 교정 중이라 발음이 부정확할 수도 있으니 미리 양해를 구한다는 지원자가 있는데 하지 않아도 될 과한 설명이다. 면접 중에 잘 안 들린다고 조금만 크게 해달라는 요

청을 받으면 그때 '치아 교정 중이라 발음이 부정확하고 소리가 작을 수 있으니 이해해 달라' 하고 목소리를 크게 내면 된다. 치아 교정 중이든 원래 목소리가 작든 면접관으로부터 크게 말해달라는 요청을 받으면 최대한 목소리를 크게 내려는 노력을 해야 한다. 안 들려서 크게 내달라고 요청을 했는데도 아무런 변화 노력 없이 같은 톤을 유지하는 경우가 있는데, 안 들려서도 문제지만 지적을 받았는데도 노력하지 않는 사람으로 보여 평가가 부정적으로 흐를 수 있다. 목소리가 작아서 문제가 아니라 이후에 어떤 태도를 보이느냐가 중요하다.

5

Q *우황청심환을 먹는 것이 도움이 될까요?*

A 당연히 도움 된다. 한 때 모 대학 근처 약국에서 만든 한방 음료가 긴장된 마음을 진정시키는데 효과가 있다 하여 유행한 적이 있었는데 경험자들의 말을 들어보면 긴장될 때 복용하면 확실히 도움이 된다는 것이다. 본인의 체질이나 증상에 따라 우황청심환이든 소화제든 진통제든 어떤 것도 좋다. 불법적인 것이 아니라면 도움되는 자신만의 비기를 찾아 긴장되는 장면마다 도움을 받기 바란다. 다만, 출처가 불분명한 조제 음료나 에너지 드링크 등은 복용해서는 안 된다. 검증된 제약회사나 약국에서 만든 믿을 수 있는 음료여야 하며 사전에 미리 복용해보고 부작용은 없는지, 나에게 맞는 제품인지 테스트해보고 자신에게 맞는 방법을 선택해 복용할 것을 권한다.

Q51

우리 회사에 지원한 이유가 무엇입니까?

대학 4학년 때 ○○사에서 인턴십을 하는 과정에서 직원들의 인적성 검사를 외부 기관과 함께 진행하는 프로젝트에서 심리학을 전공했다는 이유로 사측 대표로 참여한 적이 있습니다. 심리학을 토대로 만들어진 툴을 활용하여 얻어진 결과물로 조직을 재구성하는 현장을 직접 경험하게 되면서 인사팀 업무에 관심을 가지게 되었습니다. 심리검사를 통해 직원들의 인성이나 적성을 제대로 파악하여 기업에서 시너지가 날 수 있도록 하고 직원들의 능력이 전체적으로 상향 조정될 수 있도록 하는 교육에까지 연계하는 작업에 흥미가 있습니다. 인사팀에 입사하여 저의 비전을 실현하고 싶습니다.

Worst

귀사는 국내뿐 아니라 세계로 뻗어가는 사업을 전개하는 진취적인 회사로 알고 있습니다. 저는 영어를 능숙하게 하고 컴퓨터 활용에 능합니다. 이런 저의 준비된 역량과 도전정신이라면 귀사에 꼭 필요한 인재가 아닐까 하여 지원하게 되었습니다.

Advice

지원 동기는 자기소개와 더불어 가장 빈번하게 등장하는 질문으로 우리 회사에 지원한 이유와 그에 따른 자신의 강점이 무엇인지 확인하는 질문이다. 면접까지 가는 비율이 대략 20~30%라고 했을 때 열 번 지원하면 두세 번의 기회를 얻는 낮은 확률인데도 홈페이지만 대강 훑어보고 오거나 맥락을 이해하지 못하고 외우기만 하다 보니 외운 단어가 생각나지 않으면 아예 답변하지 못하는 안타까운 장면이 연출되기도 한다. 회사 홈페이지를 볼 때는 먼저 회사의 미션과 비전을 확인하고 회사의 사업 분야가 무엇인지, 주력제품은 어떤 것인지 살펴보고 연혁을 따라가면서 5년 10년 단위로 어떤 굵직한 사건들이 있었는지 흐름을 파악하는 것이 좋다. 끝으로 CEO 말씀이나 인재상, 채용정보 등을 살펴보고 회사가 나아가고자 하는 방향을 가늠해보는 것도 필요하다. 이렇게 회사에 대한 기본기를 갖추었다면 추가로 관련 기사를 검색하거나 자료 조사를 통해 기업에 대해 무장하고 입사 의지를 자신의 적성과 성격, 전공 및 인턴 경험으로 연결해 자신의 강점으로 승화한다면 면접관의 눈길을 사로잡기 충분하다. 여기서 중요한 것은 외우는 것이 아니라 맥락을 이해하는 것이다. WORST 답변은 진취적인, 도전적인 등의 흔한 키워드로 스스로를 별 볼 일 없는 밋밋한 사람으로 전락시켜 버렸다.

Q52

회사에 대해 얼마나 알고 있습니까?
(아는 대로 설명해 보세요.)

Best

LNG 운반선을 중심으로 선박 수주가 늘어나고 있다는 기사를 보고 귀사에 관심을 갖게 되었습니다. 세계를 주도했던 우리 조선업이 중국의 저가 공세에 밀려 침체를 거듭하다, 최근 중국 제조 선박들에 심각한 문제가 발생하면서 우리 선박 제조 기술이 재조명되고 있다고 들었습니다. 귀사는 LNG 운반선과 관련 설비 및 LNG 생산에 필요한 해양 플랜트를 주력사업으로 하고 있으며, 직원 수 6,700명, 매출액 3조 2천억 원으로 업계 순위 4위였지만 선박용 엔진 제조업체인 ○○○조선을 인수한 후 국내 조선업계 2위로 발돋움 한 떠오르는 강자로 알고 있습니다. 가스선, 유조선, 컨테이너, 자동차 운반선을 비롯해 잠수함, 전투함 등 방산에 이르기까지 미래시장을 선도하는 핵심기술로 지속 발전하는 귀사에 입사해 세계 제일의 LNG 전문가가 되고 싶습니다.

Worst

귀사는 1978년 설립된 반도체 부품 제조 기업으로, 직원 수 250명 매출액 600억 원의 건실한 반도체 부품 제조 기업으로 알고 있습니다. 인재상은 정직,

신뢰, 협력이며 저 또한 인재상에 맞게 정직하고 신뢰할 수 있는 인재입니다. 귀사에 입사하게 된다면 귀사의 발전을 위해 최선의 노력을 다하겠습니다.

Advice

지원동기와 더불어 빈도가 높은 질문 중 하나다. 회사에 대한 관심이 높을수록 그에 맞는 역량과 스펙을 갖추었을 확률이 높고, 회사에 합격한다면 그만큼 적응이 빠르고 만족도도 높을 것이라고 면접관은 판단한다. 원하는 기업에 입사 지원한 사람은 애사심이 있어 쉽게 이직을 생각지 않는 반면, 관심 없는 회사에 지원한 경우는 WORST 답변처럼 홈페이지에 나오는 내용을 그대로 읊는 수준에 그쳐 합격 가능성이 높지 않다. 만약 합격하더라도 다른 회사의 채용을 기웃거리거나 작은 스트레스에도 민감하게 반응하는 등 결국 퇴사로 이어질 가능성이 크다. 이는 단순히 한 사람의 퇴사가 아니라 조직 분위기가 부정적으로 흐르고 전염성 이직이 발생하는 등 조직 문화를 해칠 우려가 있다. 직원 한 명을 채용하는데 드는 비용이 1,272만 원이고 평균 32일이 소요된다는 조사 결과가 있다. 사람을 채용하는 것은 결국 시간과 비용의 집약체이고 이에 따른 누수를 방지하기 위해 회사에 대한 관심도를 확인하는 질문은 기업으로서는 매우 요긴하다.

지원한 분야가 본인에게 맞는다고 생각한 이유가 있습니까?

❶ 대학 시절 ○○기업 대학생 서포터즈로 활동하면서 홍보 업무가 제 적성에 맞는다고 생각했습니다. 평소 홍보 마케팅 업무에 관심이 많았던 저는 서포터즈로 활동하면서 ○○기업 행사 및 사업, 유용한 정보, 교육/전시 등 현장 취재를 통해 관련 기사를 작성하고 SNS 콘텐츠를 확산하는 등 홍보 마케팅 활동에 능동적으로 참여하였습니다. 고객들의 니즈는 무엇이고 불만족한 부분은 무엇인지 고객을 직접 만나 고객의 목소리를 청취하고 이를 반영한 기사를 작성하거나 마케팅 기획안을 제안하는 등 서포터즈 활동에 적극 반영했습니다. 또 발대식과 해단식, 간담회 등 오프라인 모임과 활동에도 적극 참여하였습니다. 서포터즈 활동을 하면서 영상 편집기술에 대한 중요성을 인지하고 유튜브를 통해 독학으로 영상 편집기술을 배워 실전에 활용하기도 했습니다. 이제는 짧은 영상을 제작하는 데 무리 없는 편집 실력을 갖추게 되었고 이를 계기로 블로그 활동도 시작하게 되어 글 쓰는 능력과 기획능력 등 홍보 마케팅 업무에 필요한 경험을 쌓았습니다. 이것이 제가 홍보 업무에 적합하다고 생각하는 이유입니다.

❷ 저는 재무회계 파트에 지원하였습니다. 기업에 있어 재무회계는 사람의 몸으로 따지면 혈액순환이 잘되도록 관리하는 업무라고 생각합니다. 저는 꼼꼼한 성격과 남다른 책임감으로 동아리에서 총무를 도맡아 하였고, 방학을 이용해 세무사 사무실에서 아르바이트를 하며 결산 및 부가세 신고업무를 지원하는 등 직간접적인 재무회계 업무 경험을 하였습니다. 작년에 전산회계 2급 자격증을 취득하였고 지금은 전산회계 1급 자격증 취득을 위해 매진하고 있습니다. 저는 다양한 현금의 발자취를 좇아 증빙을 취합하고 이를 일정한 룰에 따라 합을 맞추는 일에 적성과 흥미가 있습니다. 이런 점에서 저는 재무회계 업무에 잘 맞는다고 생각합니다.

Advice

어떤 회사에서 근무하는지도 중요하지만, 어떤 일을 하는지가 더 중요한 시대가 되었다. 잘 맞는 직무에 지원한 사람은 그에 맞는 스펙과 역량을 갖추었을 확률이 높고 입사 후 직무 만족도나 정착률 또한 높다. 그러므로 지원자가 직무에 잘 맞는 사람인지 왜 그렇게 생각하는지 면접관은 궁금한 것이다. 직무에 대한 정보를 탐구하고 그에 맞는 스펙을 쌓기 위해 노력하고 다양한 활동을 통해 관련 경험을 쌓은 지원자는 그렇지 않은 지원자에 비해 조직 적응력이 뛰어나고 해당 직무에서 높은 성과를 달성할 가능성이 크다. 언제든 직무에 대한 정보를 쉽게 얻을 수 있고, 조금만 발품을 팔면 직간접적으로 지원 직무를 경험해볼 수 있는 시대다. 자신이 그 일에 맞는지 가늠해 볼 수 있는 기회가 열려 있는 만큼 관심 분야에 대해서 시간과 노력을 들여 탐구해야 한다. 뭘 하고 싶은지조차 모르겠다면 EBS '직업탐구'나 '직업의 세계' 프로그램 등을 통해 전공별 적성별 직무를 알아보고 이에 그치지 않고 관련 교육이나 도움 되는 자격증이 무엇인지에 대한 이해를 넓히는 노력을 해야 할 것이다.

지원하려는 분야가 어떤 일을 하는지 아십니까?

제가 지원한 분야는 마케팅입니다. 마케팅은 기업에서 일어나는 세일즈와 관련된 고객 활동으로 상품 개발, 광고홍보, 유통관리, 물류, AS까지를 포괄하는 업무로 알고 있습니다. 기업의 생존을 위해서는 무엇보다 제품 판매가 중요합니다. 그래서 어떻게 하면 제품 판매량을 늘리고 이를 유지 발전시키느냐를 고민하면서 고객 접점에서 이루어지는 판매가 원활하게 이루어질 수 있도록 지원하는 활동이라고 생각합니다. 즉, 마케팅이 제대로 잡혀 있어야 고객 접점에서의 판매 또한 시너지를 낼 수 있다고 생각하고 그런 일이 마케팅이라고 생각하여 지원하였습니다.

Worst

자료수집과 정리, 다양한 온라인 매체를 활용한 홍보 활동, 사무 행정 업무를 하는 것으로 알고 있습니다. 저는 이러한 행정 업무를 능숙하게 수행하기 위해 컴퓨터 활용능력과 자료 검색 능력을 키웠습니다. 귀사의 일원이 된다면 적극적인 자세로 회사의 발전을 위해 최선을 다하겠습니다.

Advice

기본적인 업무 내용은 직무기술서에 기재되어 있지만, 대부분의 직무기술서가 실제로 어떤 일을 하는지, 어떤 큰 그림 속에서 움직이고 있는지 맥락을 파악하기에는 어려움이 있다. 이럴 때는 해당 분야에서 근무하는 지인이나 선배에게 물어보는 것이 좋겠지만 어렵다면 EBS '직업탐구'나 '직업의 세계' 또는 유튜브 등을 통해 다양한 직종의 직무를 찾아보면서 지원 분야가 하는 일의 맥락을 파악하는 것이 중요하다. 회사에 전화해 구체적인 업무 내용을 확인하는 것도 좋은 방법인데, 회사에 전화할 때는 사전에 질문을 정리해 단 한 번의 전화로 핵심을 파악하는 것이 중요하다. 이는 직무 내용을 확인할 때뿐 아니라 다른 일로 전화를 할 때도 마찬가지다. 여러 번 전화해 인사팀이나 해당 팀을 괴롭히면 면접도 전에 요주의 인물로 등극할 수 있으니 유의해야 한다. 직무에 대한 이해도를 높였다면 해당 분야에서 필요로 하는 기술이나 자격이 무엇인지 장기적인 전략을 세워 해당 분야의 전문가가 되기 위해 준비하는 노력이 필요하다. 채용공고에 나와 있는 직무기술서를 복창하는 수준의 WORST 답변은 우연히 뜬 채용공고를 보고 준비 없이 지원한 경우의 전형이다. 이런 사람은 합격할 가능성도 적지만 합격하더라도 업무에 대한 이해도가 낮고 적응하는 데 어려움이 있어 만족하지 못하고 이탈할 가능성이 크다. 지원회사, 지원 분야, 담당 업무에 대한 질문은 무조건 나온다고 보고 준비해야 한다.

왜 우리가 당신을 뽑아야 합니까?

저는 제가 지원한 분야에 관심이 많습니다. 어릴 때부터 자동차에 대한 동경으로 '톱기어', '모터트렌드', '모터매거진' 등 자동차 잡지를 두루 섭렵하였고, 자동차에 대한 애정을 자연스럽게 자동차의 성능을 좌우하는 자동차부품 산업으로 옮겨왔습니다. 자동차부품에 대한 애정과 지식을 바탕으로 자동차부품 해외 영업직에 지원하였습니다. 해외 영업 업무를 위해 영어가 중요 수단이라고 생각하여 고교 시절부터 회화 능력을 기르는 데 집중하였고, 대학 전공으로 무역 영어를 선택하여 심도 있게 배웠으며 캐나다에서의 어학연수를 통해 영어에 대한 자신감이 붙었습니다. 자동차부품의 선두기업인 귀사에서 배우고 익히며 해외 영업의 주역이 되고 싶습니다.

Worst

저는 도전적인 사람입니다. 학창시절 3주간의 국토대장정에 참가한 경험이 있습니다. 매일이 도전의 연속이었고 당장이라도 포기하고 싶었지만 자신의 한계를 극복하며 끝까지 대장정을 완수해 냈습니다. 일하다 보면 크고 작은 어려움에 봉착할 수 있습니다만, 저 특유의 도전정신을 발휘해 어떤 어려움이 있더라도 끝까지 일을 완수해 내겠습니다. 또 저는 책임감이 강한 사람입니다. 맡은 바 일은 끝까지 책임지고 완수해 내겠습니다. 저 혼자 끝났다고 끝난 것이 아닌 다른 사람과 함께 가는 협업 정신을 발휘해 다 같이 참여하고 발전하는 문화를 만들어 가고 싶습니다. 이런 저의 책임감과 도전정신, 협업 정신이라면 어떤 업무라도 자신 있게 처리할 수 있을 것입니다.

Advice

'당신을 뽑아야 하는 이유'라고 쓰여 있지만 '당신의 강점은 무엇인가'로 해석하고 답변하면 크게 무리 없는 질문이다. 개인적으로 '왜 우리가 당신을 뽑아야 합니까?' 보다는 '당신의 강점은 무엇입니까?'라는 직관적인 질문이 좋다고 생각하지만 왜인지 많은 면접관이 이렇게 질문하고 있다. 지원하는 회사와 직무를 수행하기 위해 어떤 노력을 했는지, 그에 맞는 역량과 자격을 갖추었는지 구체적인 경험을 토대로 역량이나 기술에 대해 피력하는 것이 좋다. WORST 답변은 도전정신, 책임감, 진취적인, 글로벌 마인드 등의 측정 불가능한 말로 자신 또한 다른 지원자와 별반 다르지 않다는 것을 자인하고 있다. 이처럼 어떤 질문에도 시종일관 확인하기 어려운 말의 성찬으로 시간을 때우는 지원자가 있는데 면접관의 피로만 가중시킬 뿐 성의 없고 매력 없는 지원자로 보일 수 있으므로 직무와 관련된 구체적인 경험이나 활동 상황을 풀어내는 것이 의도에 맞는 답변일 것이다.

Q56

이 일의 긍정적인 면과 부정적인 면 두 가지 관점에서 각각 설명해주세요.

Best

❶ 제가 지원한 직무는 중장기 온실가스 감축 계획을 수립하고 친환경 기술 개발 지원과 생산 공정의 운영방식을 개선하고 설계하는 업무입니다. 일을 통해 가장 중요하게 생각하는 '에너지'와 '환경'에 좋은 영향을 미칠 수 있다는 점에서 긍정적으로 생각합니다. 반면 도입 초기 막대한 자금 투입에 따른 비용 부담이 고객에게 전가될 수 있다는 점에서 부정적입니다. 다만 도입 초기의 설비 확충에 따른 일시적인 비용 부담으로, 기술의 발달과 생산량 증대에 따라 고객의 비용 부담을 획기적으로 줄일 수 있는 시기가 오리라 생각합니다. 에너지와 환경의 소중한 가치를 지키는 데 최선을 다하겠습니다.

❷ 제가 지원한 분야는 경영지원 직무입니다. 경영지원 직무는 회사 경영이 바른 방향으로 갈 수 있도록 데이터에 기반한 자료를 근거로 경영진을 보좌하고 직원들을 지원하는 역할을 수행하고 있습니다. 그중 저에게 가장 적합한 분야는 인사 업무라고 생각합니다. 중장기적인 경영 전략 아래, 채용에서부터 교육 훈련, 평가와 보상에 이르기까지 인적 자원에 대한 총체적인 관리와 서비스를 제공하고 있습니다. 업무 특성상 잘해야 본전이고 조금만 잘못하면 회사에

큰 누를 끼칠 수 있는 중요하고 위험한 직무인 만큼 스트레스도 상당할 것이라 생각합니다만, 그만큼 보람을 느낄 수 있는 꼭 해보고 싶은 업무입니다. '답은 언제나 사람에 있다'는 저의 가치관을 새기며 직원들이 자신의 역량을 최대한 발휘할 수 있도록 든든한 조력자 역할을 하고 싶습니다.

Worst

제가 지원한 분야는 마케팅입니다. 마케팅은 기업에서 일어나는 판매와 관련된 고객 활동으로 상품개발, 광고홍보, 유통관리, 물류, AS까지를 포괄하는 업무로 알고 있습니다. 저는 ○○기업 생산직 아르바이트와 다양한 판매 아르바이트를 하면서 생산과 판매에 대한 경험을 쌓았고 이런 저의 경험을 발휘할 수 있다는 점에서 긍정적입니다. 제가 좋아하는 일이라 부정적인 면에 대해서는 생각해보진 않았지만 다소 부정적인 상황이 있더라도 긍정적인 마음으로 업무에 임하겠습니다.

Advice

자신이 지원한 분야의 업무 특성을 제대로 알고 지원했는지를 확인하는 질문이다. 여기서 면접관이 묻는 긍정적인 면과 부정적인 면은 직종이나 직무의 고유성에서 나타나는 업무적인 특성과 일에 대해 느끼는 개인의 감정에서 기인한 특성으로 나눌 수 있다. BEST 답변 ❶은 직종이나 직무의 고유성에서 나타난 특성이고 BEST 답변 ❷는 개인이 느끼는 감정적인 면에서의 특성이라고 할 수 있다. 어느 쪽이든 자신이 지원한 분야에 대해 제대로 알고 있고 그에 대한 적절한 방안도 생각했다는 점에서 긍정적이다. WORST 답변은 2가지로 풀이할 수 있다. 부정적인 면에 대해 알고는 있으나 면접관에게 부정적인 인상을 심어주지 않을까 우려해 생각해보지 않았다고 하는 경우와 지원 분야에 대해 잘 몰라서 생각해보지 않았다고 하는 두 가지 경우다. 해당 직무에 대해 잘 모르고 입사하는 경우 추후 난관에 부딪혔을 때 적절하게 대처하지 못하거나 쉽게 포기하는 경향이 나타날 수도 있어 면접관은 우려하고 있다. 이를 미연에 방지하고자 자신이 지원한 분야의 특성이 무엇인지 긍정적인 면과 부정적인 면을 모두 점검해보고 입사할 것을 권하고 있는 것이다.

우리 회사 홈페이지를 보고 좋았던 점과 안 좋았던 점에 대해 각각 말해 보세요.

(우리 회사와 관련된 기사 중에 가장 기억에 남는 기사는 무엇이었나요?)

가장 좋았던 점은 회사가 하고 있는 주력사업뿐만 아니라 다른 사업 분야에 대한 정보를 얻을 수 있었던 것이고 공지사항을 통해 현재 진행되고 있는 행사나 회사의 주요 관심사를 파악할 수 있어서 유용했습니다. 또 부서별 조직도를 첨부하여 회사 구조를 쉽게 파악할 수 있었고 담당자 이름과 소속부서, 직책이 게시되어 있어 궁금한 점이 있을 때 해당 사업부로 직접 연락할 수 있게 해 고객에 대한 배려와 자신감이 느껴졌습니다. 한 가지 아쉬운 점은 회사 게시판에 질문이 올라와 있는데 답변이 없었던 것이 아쉬웠습니다. 제가 입사하면 게시판 관리 업무를 해보고 싶습니다. 고객의 질문을 처리하면서 회사에 대한 이해를 높이고 답변을 달면서 고객 신뢰도 얻도록 하겠습니다.

Worst

전체적으로 안정감 있고 깔끔한 컬러가 굉장히 인상 깊었습니다. 고객 중심

설계로 궁금한 점을 찾아보기 쉽게 메뉴가 나열되어 있어 원하는 정보를 바로 바로 찾을 수 있다는 점에서 아주 편리했습니다. 저는 좋은 인상만 받았기 때문에 특별히 개선점을 찾지 못했습니다. 필요하다면 입사해서 홈페이지를 개선하는 데 일조하겠습니다.

Advice

회사 홈페이지에는 다양한 면접 질문이 담겨있고 이에 대한 답도 숨어있다. 회사의 미션과 비전, 핵심가치 등 대놓고 홈페이지 내용을 질문하는 경우도 있고, 홈페이지를 보고 느낀 점이나 개선점 등 다각도로 회사의 관심도를 체크하는 경우도 있으니 다양한 관점에서 답변을 준비해야 한다. 수많은 기업에 지원해야 하는 지원자로서는 부담스러운 일이지만 적어도 홍보나 마케팅, 디자인 관련 직군이라면 홈페이지 내용을 단순 암기하는 것을 넘어 자신만의 관점을 가지고 심도 있게 분석하는 수준으로 대비를 해두어야 한다. 홈페이지 내용을 외우기보다 전체 흐름을 따라가면서 맥락을 이해하려는 노력이 필요한 이유가 바로 이 때문이다. 개선점을 말해보라고 해서 단점을 이야기하면 불이익이 있을까 하여 WORST 답변처럼 다 좋다고 하는 지원자가 있는데 이는 소신도 없고, 분석할 능력도 없고, 회사에 대해 관심도 없는 지원자로 분류될 수 있으니 곁가지에 신경쓰지 말고 질문이 요구하는 답변에 집중해야 한다. 개선점이 무엇인지 말하고 개선 아이디어를 개진하는 것이 회사에 대한 관심이 높다는 것을 보여주는 답변이 될 수 있으므로 위축되지 말고 소신껏 의견을 피력하도록 하자.

Q58

우리 회사에 입사하기 위해 개인적으로 노력한 점이 있다면?

Best

저는 스펙이라는 가시적인 부분과 겉으로 드러나진 않는 비가시적인 부분의 두 가지 측면에서 노력하였습니다. 입사 자격요건을 갖추기 위해 컴퓨터 활용능력 1급을 따고, 토익점수를 700점대에서 800점대로 향상시켰으며, 제 전공과 관련하여 ○○자격증을 취득하였고, A기업 인턴을 통하여 간접적인 실무경험을 하였습니다. 비가시적인 부분으로는 한 달에 2권씩 책을 읽고 있으며 매일 30분씩 걷기 운동과 1주일에 3일은 3km를 달리며 건강관리를 하고 있습니다. 또 꾸준히 신문 스크랩을 하며 경제 전반에 걸친 인사이트를 유지하고 있으며 최근 귀사가 ○○사업에 진출한다는 기사를 보고 비전이 있다고 판단되어 지원하였습니다.

Worst

저는 귀사의 일원이 되기 위해 컴퓨터 활용능력 1급 자격을 취득하고 토익성적 900점을 달성하는 등 스펙을 쌓았으며 3학년부터는 취업동아리에 들어가 이력서 및 자기소개서 작성법과 인적성 시험을 대비하고 모의 면접 경험을 하는 등 취업을 위해 최선을 다하고 있습니다. 이러한 저의 적극성과 활동성, 남다른 노력은 귀사에 꼭 필요한 인재라고 생각합니다.

Advice

대부분의 취준생이 비슷한 스펙, 비슷한 자격요건, 비슷한 경험을 가지고 면접에 오게 된다. WORST 답변처럼 자격요건에 맞춰 스펙을 쌓고 취업 맞춤 동아리에서 이력서와 자기소개서를 작성하고 인적성 검사를 준비하는 것은 안타깝지만 비교우위의 조건이 되지 못한다. 해당 기업의 인재상이나 지원 자격 중 자신이 부족하다고 생각되는 요건을 보완하기 위해 노력한 과정을 설명하고 구체적인 활동 상황을 수치나 데이터로 설명한 점에서 BEST 답변은 면접관의 호감을 얻었다. 추가적으로 입사를 희망하는 기업에서 진행하는 이벤트나 행사에 적극 참여하여 기업 내부 직원들과 안면을 트고, 나아가 회사 주최 행사나 대회에 참가하는 경험은 자신을 회사를 위해 준비된 지원자로 설명하는데 좋은 소재가 될 수 있다는 점에서 경험해봄 직하다. 금상첨화로 상까지 받는다면 면접관의 호감을 얻는 것은 떼 놓은 당상일 것이다.

Q59

다른 회사에도 지원했나요?
다른 회사는 전형이 어디까지 진행되었나요?
(다른 회사에 떨어졌다면) 왜 떨어졌다고 생각하나요?

예. 몇 군데 지원했습니다. 최종합격한 회사도 있지만 제가 우선순위에 둔 회사는 귀사이기 때문에 입사를 포기하고 지금 이 자리에 왔습니다. 불합격한 회사도 있지만, 저보다 그 회사에 더 적합한 인재를 뽑았을 것이라 생각합니다. 그리고 현재 진행 중인 회사도 있습니다만 귀사에 합격한다면 다른 곳은 바로 포기하고 출근 준비를 하겠습니다.

Normal

이번이 귀사에 세 번째 도전이고 다른 회사에는 지원하지 않았습니다. 오직 귀사 한군데만 지원하였고 만약 이번에도 떨어진다면 저를 뽑아주실 때까지 지원할 생각입니다.

Worst

많은 회사에 지원했는데 합격한 곳은 아직 한 군데도 없습니다. 그리고 저는 귀사를 가장 우선순위에 두고 있기 때문에 현재는 다른 회사에는 지원하지 않았습니다.

Advice

100군데는 지원해야 겨우 합격할 수 있다는 말이 나올 정도로 어려운 시국이다. NORMAL 답변처럼 세 번, 네 번 도전한다는 말을 심심찮게 듣는데, 이 사람 우리 회사에 진심이구나 싶으면서도 과연 다른데 지원하지 않았을까 의구심이 들고, 정말 지원하지 않았다면 자신감이 지나치거나 다소 무모한 사람으로 보일 수 있어 조심스럽다. 실제로 이렇게 답한 지원자 중에는 합격한 경우도 있고 불합격한 경우도 있다. 합격한 경우는 뽑을만한 다른 지원자도 없고 여러 차례 면접까지 왔는데 미안하기도 하고, 그만큼 우리 회사에 진정이지 않겠느냐는 이유로 뽑혔다. 반대로 세 번이나 불합격한 경우는 이런 사람을 굳이 우리가(이번에 면접관으로 들어온 사람들) 위험부담을 안고 뽑을 이유가 없다는 이유로 떨어졌다. 합격한 경우도 자신의 역량으로 뽑혔다기보다는 뽑을만한 다른 지원자가 없었기 때문이라는 점에서 개인의 상황에 따라 신중히 선택해야 하는 답변이다. WORST 답변은 솔직한 지원자라고 생각할 수도 있지만 어디서도 뽑아주지 않은 무능하고 매력 없는 지원자로 보일 수 있으니 그것이 사실이라도 지나친 솔직함은 곤란하다. 때로는 하얀 거짓말도 필요하다.

Q60

자신이 생각하는 좋은 직장이란 어떤 직장인가요?

Best

적극적인 소통을 통해 직원들 스스로 동기부여하고, 공동의 목표를 달성하기 위해 직원 상호간 적극적인 지원과 조력을 아끼지 않는 기업이 좋은 직장의 표본이라고 생각합니다. 그리하여 회사에 일거리가 늘어나고 기업이 성장한 만큼 직원들의 처우가 개선되고, 이에 더해 교육을 통한 재투자로 직원들 개개인의 역량이 향상된다면 경제 여건이 어려운 가운데서도 지속적인 성장과 발전이 가능한 기업이 될 수 있다고 생각합니다. 소통을 통한 동기부여, 자발적인 지원과 조력을 아끼지 않는 기업 문화가 자리 잡은 직장이 최고의 직장이라고 생각합니다.

Worst

많은 연봉과 훌륭한 복지 제도도 중요하지만, 워라밸이 기본이 되는 직장이 좋은 직장이라고 생각합니다. 퇴근 후 취미 활동을 하면서 스트레스를 풀고 다음 날 더 좋은 컨디션으로 업무에 임할 수 있는 회사가 좋은 직장이라고 생각합니다.

Advice

지원자가 생각하는 좋은 직장의 개념을 확인함으로써 지원자의 일터에 대한 가치관을 확인하는 질문이다. 지원자가 평소 어떤 가치를 추구하는 사람인지, 어떤 마음가짐으로 직장생활에 임하고 있는지 간접적으로 유추할 수 있기 때문에 종종 등장하는 질문이다. 이런 종류의 질문에 정석적인 답변을 하려면 평소 경영 관련된 책이나 자료를 자주 접하는 것이 도움 되는데, 꼭 취업을 위해서가 아니라 경영 관련 책 한두 권 읽어두면 직장생활 하는 데 많은 도움이 될 것이다. WORST 답변은 최근 면접에서 개인의 라이프 스타일을 중시하는 사회적 분위기와 맞물려 워라밸이나 저녁이 있는 삶, 퇴근 후 개인 시간을 강조하는 지원자가 많아지고 있다. 이것이 면접 결과에 직접적인 영향을 미친다고는 생각지 않지만, 꼭 이 때문이 아니라 다른 부정적인 요소와 결합해 지나치게 개인의 삶을 중시하는 이기적인 지원자로 비칠 수 있으므로 면접관의 유도 질문에 말려들어서는 안 된다. 신중하게 접근해야 한다.

Q61

당신이 면접관이라면 어떤 것을 중심으로 평가하겠습니까?

Best

❶ 저는 인성과 태도를 중심으로 평가하겠습니다. 경력이 아닌 신입이기 때문에 무엇보다 인성과 태도가 중요하다고 생각합니다. 많은 동료와 선배, 상사에게 도움 되는 사람이 되겠다는 마음과 무엇이든 배우겠다는 태도로 임한다면 빠른 시간 내에 적응해 회사에서 원하는 역량을 갖춘 전문가로 성장할 수 있을 것입니다.

❷ 저는 해당 직무를 수행할 수 있는 역량과 자격을 갖추었는지를 중심으로 평가하겠습니다. 저는 IT 분야 역량을 기르기 위해 첫 번째 단계로 컴퓨터 활용능력 1급 자격증에 도전했습니다. 컴퓨터에 소질이 없어 자격증 취득까지는 다소 시간이 걸렸지만 덕분에 더 꼼꼼하게 공부할 수 있었습니다. 또 배운 지식을 활용하고자 계획하는 과정에서 부족한 부분은 무엇이고 이를 어떻게 극복할 것인지, 제가 잘하는 분야를 어떻게 적용하고 활용할 것인지 고민하고 계획하면서 역량 향상에 많은 도움이 되었습니다. IT 역량을 강화하기 위해 꾸준히 노력해온 제 경험들은 귀사의 열정적인 도전에 소중한 자양분이 될 것이라 생각합니다.

Advice

한국고용정보원 조사에 따르면 70%가 넘는 CEO가 신입사원 채용 시 가장 중요하게 생각하는 조건으로 '직무 관련 경험'과 '인성(태도)'을 꼽았다고 한다. 신입 채용에서 말하는 직무 관련 경험이란 전공이나 직무 관련 자격증, 해당 분야 인턴 경험 등을 말하는데 이것은 이미 지나온 과거에서 결정된 사안으로 해당 분야 전공자가 아니거나 관련 자격증이 없는 지원자는 인성과 태도에 중점을 두고 답변하면 된다. 여기서 질문은 면접관의 기준이 아닌 지원자의 기준을 묻고 있지만 입장이 바뀐다고 해서 달라질 것은 없다. '태도와 역량'이라는 기준을 중심으로 자신의 경험을 더해 답변하면 무난한 답변이 될 것이다.

Q62

직종을 선택하는 데 중요하다고 생각하는 것이 무엇인가요?

Best

저의 능력을 가장 잘 발휘할 수 있으면서도 적성에 맞는 직종이어야 한다고 생각합니다. 저는 평소 꼼꼼하고 깔끔한 성격으로 계산상 똑 떨어지는 회계 업무에 흥미를 느끼고 있으며 숫자에 강한 편입니다. 직장 생활하는 선배들도 저의 적성에 맞는 분야로 회계 업무를 추천해 주셨고 저 또한 회계 업무가 제가 잘 할 수 있는 분야라고 생각합니다. 대학에서 경영학을 전공하였고 전산세무회계 1급 자격증도 취득하는 등 회계 분야로 진출하기 위해 노력해 왔습니다. 제 역량을 십분 발휘할 수 있는 회계부서에서 일하고 싶습니다.

Worst

저의 적성에 잘 맞으면서도 능력을 가장 잘 발휘할 수 있는 직종은 회계 분야라고 생각합니다. 아직 관련 자격증은 없지만, 회사에 입사하게 된다면 전산세무회계 1급 자격증을 취득하고 해당 분야 역량을 갖추기 위해 최선을 다할 것입니다.

Advice

직종의 사전적 의미는 '직무수행능력이 성질적으로 가깝고 상호 간에 호환 대체성이 인정되며 승진 경로의 동일성까지 갖추어 임금 관리상 같게 다룰 수 있는 직업'이라는 뜻을 담고 있다. 직종의 선택 기준은 개인마다 다를 것이고, 면접관도 다르다는 것을 인정하고 알고 있다. 따라서 선택 기준이 중요한 것이 아니라 지원자가 그러한 기준을 갖게 된 이유와 의미가 무엇인지, 그래서 지원 분야에서 역량을 발휘할만한 충분한 요건을 갖추었는지가 면접관이 진짜 궁금한 부분이다. BEST 답변은 개인의 기준을 나열한 데서 그치지 않고 선택의 기준에 맞게 본인의 특성을 언급하여 자신이 잘할 수 있는 분야를 스스로 진단한 데서 높은 점수를 받았다. 여기에 덧붙여 전산세무회계 1급 자격증을 취득해 해당 분야에서 역량을 발휘할 수 있는 기본기가 탄탄한 인재라는 것을 스스로 증명해 보였다. WORST 답변 또한 회계 직종에 적성이 있다고 말을 하고 있지만 그래서 자신이 해당 분야의 역량을 갖춘 인재인지 아닌지는 확인할 길이 없다.

Q63

취업 준비를 하면서 가장 부족하다고 느꼈던 점은 무엇인가요?

Best

저는 전자공학 전공자로서 지난 3개월간 ○○○에서 인턴을 하면서 전공지식이 부족하다는 것을 많이 느꼈습니다. 대학 시절 전자기학, 전자회로, 반도체 공학 등 전공과목에 흥미를 느끼며 공부했고 좋은 학점을 받았기에 스스로 부족하다고 생각하지 못했는데 인턴 과정을 통해 간접적이나마 실무를 경험해 보니 전공지식이 많이 부족했습니다. 이후 전기기사 자격증과 전기공사기사 자격증을 취득하여 부족한 부분을 채울 수 있었고 지금은 소방설비기사 전기 자격증 취득을 위해 노력하고 있습니다.

Worst

저는 ○○○에서 인턴 근무를 하면서 실무 경험이 부족하다고 느꼈습니다. 하지만 이것은 제가 입사해서 열심히 배우고 경험을 쌓으면 얼마든지 극복 가능한 문제라고 생각합니다. 귀사에 입사하게 된다면 저의 도전정신과 글로벌 마인드, 적극적인 자세로 업무에 임해 회사에 보탬이 되는 직원이 되겠습니다.

Advice

이 질문은 취업 준비를 하면서 포착된 자신의 부족한 점은 무엇이고 이를 어떻게 극복했는지를 묻는 말이다. 질문의 취지를 정확히 이해하지 못한 것인지, 자신의 부족한 점을 말하기가 꺼려져서인지 WORST 답변처럼 실무 경험이 부족하다는 답변을 하는 지원자가 너무도 많다. 경력자를 뽑는 것도 아닌데 실무 경험이 부족한 것은 당연한 일이고 문제가 될 것도 없다. 그런데도 실무 경험이 부족하다는 답변을 하는 지원자를 보면 어딘지 궁색해 보이고 회피하려는 의도가 느껴져 흔쾌하지 않다. '신입이기 때문에 실무 경험이 부족한 것은 문제가 되지 않습니다. 다른 부족한 부분을 말씀해보세요.'라는 후속 질문에는 또 어떻게 답변할 것인가? 그러니 솔직하게 자신의 부족한 점을 말하고 어떤 노력을 통해 부족한 부분을 보완했는지를 보여주는 것이 면접관의 호감을 얻을 수 있다. 이런 종류의 질문, 예를 들면 성격상의 장단점이나 약점, 부족한 부분을 묻는 말에 덮어놓고 실무 경험 부족이라고 말하는 지원자가 있는데, 이런 방법은 통하지도 않을뿐더러 설사 후속 질문 없이 넘어갔다 하더라도 그것으로 답변이 충분해서가 아니라 지원자에 대한 매력도가 떨어져 더 이상 후속 질문의 의미를 느끼지 못했기 때문이라는 것을 알아야 한다.

평소 그리는 이상적인 상사는 어떤 사람인가요?

단순히 업무만 지시하는 상사가 아니라 제가 하고 있는 일이 회사에서 어떤 큰 그림 속에 움직이고 있는지, 다른 부서와 어떻게 유기적으로 연결되어 있는지 일의 설계도를 보여주고 방향성을 제시해 주는 상사가 제가 생각하는 이상적인 상사입니다. 또 피드백이 확실하고 잘못이 있을 때는 어떤 점이 부족한지 보완해야 할 포인트는 무엇인지 정확하게 짚어주고, 퇴근 후 술 한잔 기울이며 위로해줄 수 있는 상사라면 최고의 상사라고 생각합니다. 저도 나중에 상사가 된다면 일의 방향성을 제시해 주는 따뜻한 상사가 되고 싶습니다.

Worst

이해심이 넓고 차별하지 않는 상사가 제가 생각하는 이상적인 상사입니다. 과거 커피숍에서 오픈 조로 근무한 적이 있는데, 전날 야간 근무자가 마감을 건성으로 해서 고생한 적이 있습니다. 사장님께서 그 아르바이트생을 야단치지 않고 다른 아르바이트생이 이해하라는 분위기여서 심정적으로 힘들었습니다. 제가 상사가 된다면 직원들을 공평하게 대하고 차별하지 않는 상사가 되겠습니다.

Advice

바람직한 상사 상을 통해 지원자가 생각하는 인간관계 유형의 일면을 파악하려는 면접관의 의도가 숨어있는 질문이다. 이런 종류의 질문에 WORST 답변처럼 자신의 과거 경험에 비추어 감정적으로 흐르는 지원자가 있는데 그렇게 되면 면접관의 의도에 제대로 걸려든 것이므로 주의해야 한다. 비슷한 패턴의 질문으로, '같이 일하기 싫은 사람은 어떤 유형의 사람입니까?' '협업하기 힘든 사람은 어떤 유형의 사람입니까?' 등이 있는데, 이런 질문을 받으면 누구나 과거 자신이 힘들었던 경험 중 가장 안 좋은 상황을 떠올려 반대되는 유형을 들게 되는데 지나치게 개인적인 잣대로 판단하기보다 최대한 객관화하여 자신의 의견을 피력하는 것이 좋다. 자신이 그리는 상사는 곧 지원자의 미래이기도 하기 때문이다.

면접도 장비(裝備) 빨이다

어떤 일을 시작할 때 제일 먼저 갖추는 것이 장비(裝備)다. 운동이나 요리, 독서, 사진 등 취미 생활은 물론 집에서 청소, 빨래를 할 때도 빠질 수 없는 것이 장비의 조력이다. 같은 맥락에서 면접에도 학력, 학점, 토익, 컴퓨터 활용능력, 각종 자격증 및 면접날 착용하는 수트나 구두 등의 장비가 필요하다. 하지만 이런 외적인 장비를 갖추는 데는 상당한 노력과 비용이 소요되고 이를 갖춘다 해도 원하는 회사에 100% 합격한다는 보장은 없으니 이들 외적인 장비와 더불어 내적인 장비도 함께 갖추어야 합격 가능성이 커진다.

긴 시간 채용 현장에서 면접관으로 활동하며 면접에 합격한 사람들을 볼 기회가 많았는데 그들에겐 외적인 장비와 더불어 내적인 장비가 탄탄히 장착되어 있음을 확인할 수 있었고 오히려 외적인 장비보다 내적인 장비가 면접에서 더 강력한 무기로 작용하는 경우를 목도했다. 합격자들에게서 포착되는 내적인 장비는 무엇이고 돈들이지 않고도 내적인 장비를 갖출 수 있는 TIP은 무엇인지 여러분들과 공유하고자 한다. 중요한 것은 성공이라는 결과보다는 결과가 있기까지의 과정과 그 뿌리임을 기억해주기 바란다.

1. 면접관에게 전달할 히스토리(History)를 만들자.

역사(History)는 오래된 미래다. 여러분의 역사는 여러분의 미래이고, 면접관은 여러분의 과거 행동을 통해 입사 후의 미래를 예측한다. 외적인 스펙을 쌓는 것이 역사를 만드는 기본이겠지만, 평생을 두고 자신과 함께 할 활동을 찾는 것도 역사를 만드는 좋은 방법이다. 책을 읽는 것, 글을 쓰는 것, 요리하는 것, 그림을 그리는 것, 글씨를 쓰는 것, 음악을 듣는 것, 영화를 보는 것, 걷기, 달리기, 등산, 자전거를 타는 것 등 어떤 것이라도 자신의 평생친구가 될 수 있고 역사가 될 수 있다. 시간이 중첩될수록 더욱 성숙하고 깊어진 내면을 만드는데 도움을 주는 이런 고마운 친구가 있다면, 또 그러한 친구를 더 깊게 만들기 위해 꾸준히 노력한다면 단순히 취미를 넘어 여러분의 단단한 역사가 되어 여러분을 더 좋은 곳으로 인도해 줄 것이다. 시간 때우기 용도가 아니라 역사를 제대로 즐기기 위해 공부하고 몰두하는 노력은 필수다.

2. 목소리와 말하는 습관의 중요성

개인적으로 외모가 뛰어난 사람보다 목소리가 좋은 사람, 언어습관이 훌륭한 사람을 선호한다. 여기서 목소리가 좋은 사람이란 타고난 음색이 좋은 사람을 말하는 것이 아니라 듣기에 편안한 자연스러운 음성과 언어습관을 말한다. 자신의 의견을 과장되거나 모자람 없이 자연스럽게 끝까지 말할 수 있고, 전하려는 메시지가 물 흐르듯 편안하게 전달되는 자연스러운 발성 상태면 더할 나위 없다. 타고난 목소리가 좋지 않아도 얼마든지 자연스러운 발성을 낼 수 있으며 노력 여하에 따라 생각보다 빨리 자신이 원하는 편안한 발성 상태가 될 수 있다. 시도해볼 수 있는 가장 쉬운 방법은 스마트폰 녹음 기능을 통해 자신이 말하는 것을 녹음해서 들어보는 것이다. 전화 통화, 친구들 간의 대화, 가족 간의 대화를 녹음해서 들어보고 말하는 속도는 어떤지, 말끝을 흐리는 습관은 없는지, 중간에 호흡이 달리지는 않는지 다양한 각도에서 말하는 습관을 점검해 보는 것이다. 주변에 좋은 언어습관을 가진 사람이 있으면 그와의 통화를 녹음해서 들어보고 나의 발성과 어떤 차이가 있는지 무엇이 문제인지 찾아 그의 편안한 발성, 좋은 언어습관을 따라하는 것도 부족한 부분을 메울 수 있는 좋은 방법이다. 확장된 방법으로 신문기사를 앵커처럼 소리 내서 읽고 이를 녹음해서 들어보는 것도 좋다. 신문기사를 소리 내서 읽다 보면 목소리나 말하는 습관도 좋아지지만 정치 경제 사회 문화 등 다양한 시사상식이 축적되는 효과를 거둘 수 있어 면접에도 도움이 된다. 자연스러운 발성과 좋은 언어습관은 평생 당신을 따라다니는 명함 같은 것이다. 멋진 명함을 새기는 것은 스스로의 노력에 달려 있다.

3. 자연스러운 모습, 편안한 인상

면접관으로 활동하면서 세간에 떠도는 오해 중 바로잡고 싶은 것 중 하나가 이쁘고 잘생기면 무조건 합격한다는 낭설이다. 합격자 중에는 예쁘고 잘생긴 사람도 있지만 어중간하거나 못생긴 사람도 있기 마련인데, 외모가 훌륭해서 뽑혔다면 아닌 경우는 무엇으로 설명할 수 있을까? 외모도 스펙인 시대에 말장난을 하자는 것이 아니라 합격한 사람들의 공통점은 이러한 단순히 외적인 생김새가 아니라 이들에게서 뿜어져 나오는 자연스러움과 편안함, 젊은이다운 건강한 에너지에 있다는 말을 하고 싶어서다. 부모님으로부터 물려받은 외적인 조건이 불만스러워 성형외과 가서 시술하고 바쁜 면접날 아침에 양파망에 올림머리 하느라 미용실 다녀오기 바쁜 지원자를 보면 엉뚱한데 에너지를 낭비하고 있다는 생각에 안타까운 마음이 든다. 주변에 거울이 있다면 자신의 얼굴을 가만히 한번 들여다보라. 누구에게 묻지 않아도 자신이 어떤 사람인지, 그래서 어떤 느낌이 뿜어져 나오는지 스스로는 잘 알 것이다. 부정적으로 보이지 않는지, 낯빛이 어둡지 않은지, 인상이 날카롭지 않은지, 찡그리는 습관은 없는지, 초점 없는 흐린 눈은 아닌지 자신을 냉정하게 바라보고 이를 교정하려는 노력이 필요하다. 면접관들은 여러분이 생각하는 것처럼 겉으로 보이는 외적인 조건에 현혹되는 단순한 관점으로 판단하지 않으며 면접관이 선호하는 얼굴은 이쁘고 잘생긴 얼굴이 아니라 자연스럽고 편안한 인상과 청년다운 건강함이 묻어있는 얼굴이라는 것을 기억했으면 한다.

4. 자기소개 꼭 그렇게 토씨 하나 틀리지 않고 외워야 하나?

지원자 대부분이 자기소개를 외워 온다. 또 자신이 외운 원고에서 토씨 하나 틀리지 않으려고 안간힘을 쓰고, 중간에 순서가 바뀌거나 기억이 나지 않으면 '죄송합니다.'를 연발하며 처음부터 다시 자기소개를 한다. 스무 다섯 해를 넘게 살면서 1분 남짓 자신에 대한 이야기를 하는데 그렇게 꼭 외워야만 하는지, 자기소개 대본이 따로 있고 자신은 대본에 따라 연기하는 연기자인지 묻고 싶다. 나는 어떤 사람인지, 무엇을 좋아하고 잘하는지, 어떤 경험을 하였고 강점은 무엇인지, 부족한 것은 무엇이고 더 노력해야 할 점은 무엇인지 A4 용지에 써 내려가면서 자신의 스토리를 만들고, 이를 자연스럽게 말할 수 있는 내용으로 1분을 채운다면 적어도 단어 하나가 기억나지 않아서 처음부터 다시 자기소개를 하는 우스꽝스러운 장면은 연출되지 않을 것이다. 과장되지 않고 편안하고 자연스럽게 자신의 역사를 전할 때 면접관이 고개를 들어 당신을 주목한다는 것을 기억하기 바란다.

Q65

회사생활을 하면서 병행할 자기계발 방안이 있나요?

저는 임원이 되는 것이 꿈입니다. 이를 위해 저는 일상적인 루틴 관리와 장기적인 계획에 입각해 꼼꼼하고 체계적인 실행계획을 세워 하나하나 실천에 나갈 생각입니다. 일상 루틴으로는 주 3회 이상 웨이트를 하며 꾸준히 체력관리를 하고, 초등학생도 배운다는 코딩 공부를 시작할 생각입니다. 또 주말에는 영어 회화 동아리에 가입해 영어 실력을 유지 발전시키고 축구와 등산을 즐기며 스트레스 관리를 할 생각입니다. 입차 3년 차까지는 실무 지식을 배양하고 4년부터는 중간관리자로서의 경영 역량을 기르기 위해 단계별 교육 프로그램도 수강할 계획입니다.

Worst

3개월 후에 바디 프로필을 찍을 목표로 헬스클럽에 다니면서 다이어트와 웨이트를 꾸준히 하고 있습니다. 또 여름휴가 때 친구들과 해외여행을 가기로 했는데 그때를 대비해서 영어 회화 실력을 향상시키기 위해 주 3회 영어 학원에 다니며 꾸준히 노력하고 있습니다.

Advice

제대로 된 자기계발 방안을 세우기 위해서는 먼저 뚜렷한 목표의식과 확고한 미래비전 제시가 선행되어야 하며 그에 따른 체계적이고 꼼꼼한 계획 수립이 동반되어야 한다. BEST 답변이 BEST인 것은 그것이 이루기 힘든 결과라 하더라도 임원이 되겠다는 뚜렷한 목표를 가지고 그에 따른 체계적이고 꼼꼼한 실행 계획을 제시했기 때문이다. 여기서 목표는 그것이 CEO든 농부든 엔지니어든 직업의 직위와 종류가 중요한 것이 아니다. WORST 답변은 확고한 목표와 비전 없이 그때그때 유행하는 시류를 쫓아 킬링타임용 자기계발에 심취한 모습이다. 이러한 유행을 좇는 자기계발 구호는 안정감 없어 보이고 언제 실행 의지가 꺾일지 불안해 보일 수 있으므로 유의해야 한다. 목표의식과 발전 의지가 뚜렷한 자기 확신이 강한 지원자는 스스로도 고무되겠지만 면접관도 설레게 한다. 자기계발 방안을 수립하기에 앞서 자신의 목표와 비전이 무엇인지 스스로 점검하는 시간을 가져보는 것도 의미 있는 일일 것이다.

Q66

자신의 경력으로 업무에 어떤 도움을 줄 수 있습니까?

❶ 집 근처 대형 마트에서 행사 아르바이트를 한 경험이 있습니다. 일이 힘든 것보다 동네 사람들을 만날 때 창피한 것이 더 힘들었습니다. 목소리도 제대로 내지 못하는 저를 보고 옆 매장 아주머니께서 그렇게 목소리가 나오지 않으면 무조건 소리를 지르지 말고, 동네 사람들에게 말을 건다 생각하고 평소의 톤을 살려 자연스럽게 해보라고 조언해 주셨습니다. 판매 행사면 무조건 목소리가 커야 된다고 생각했는데, 나에게 맞는 방법이 가장 좋은 방법이라는 것을 깨닫게 되었고, 안 된다고 생각했던 일도 다른 방법은 없을까 고민하면서 일하게 되었습니다. 작지만 저의 실전 경험이 차별화된 판매 전략을 세우는 데 도움이 되리라 생각합니다.

❷ 대학 때 꾸준히 전산 입력 아르바이트를 했는데 일하면서 ITQ 자격증도 땄습니다. 영업 지원 부서에서 제안서를 만들거나 견적서를 만들 때 저의 경험이 실질적인 도움이 되리라 생각합니다.

❶ 대학 3학년 때 봉사 동아리 활동을 하면서 보육원을 방문한 적이 있습니다. 처음에는 의무감으로 했지만 한 번, 두 번 보육원을 방문해서 아이들과 어울리면서 봉사 정신과 희생정신을 배웠습니다. 저의 희생정신과 성실함이라면 어떤 업무를 하든 열심히 할 수 있을 것이라 생각합니다.

❷ 대학 3학년 때 캐나다로 어학연수를 다녀왔습니다. 처음에는 영어도 잘 못 하고 모든 것을 저 혼자 해결해야 했기 때문에 많이 힘들었지만 강한 도전정신으로 모든 어려움을 극복하고 친구들도 많이 사귈 수 있었습니다. 저의 글로벌 마인드와 도전정신이라면 귀사에 큰 보탬이 되리라 생각합니다.

Advice

경력이 없는 신입에게 '경력'이라는 키워드는 위축될 수밖에 없는 단어지만, '경력'을 '경험'으로 바꿔서 이해하면 무난하게 답변할 수 있다. 면접관들도 경력이 없는 신입이라는 것을 알고 있고 대단한 것을 기대하는 건 아니니 무리할 필요 없이 자신이 경험한 아르바이트나 인턴 경험을 토대로 얘기하면 된다. WORST 답변은 봉사와 어학연수라는 키워드에서 흔히 예상되는 희생정신, 글로벌 마인드, 도전정신이라는 결말로 이어져 아쉬움이 남는다. 흔한 구호와 화려한 말의 성찬보다는 자신의 경험을 녹여낸 자연스러운 답변이 더 효과적이다. 그런 면에서 BEST 답변 ❶은 자신에게 맞는 방법을 발견하기 위해 꾸준히 노력하는 점에서 좋은 점수를 얻었고 BEST 답변 ❷도 꾸미지 않은 자연스러운 경험이라 듣기 무난하다.

Q67

이 업무를 하는데 가장 걱정되는 부분은 무엇입니까? (예상되는 어려움)

Best

생산부서와 영업부서와의 업무 조율이 걱정됩니다. 제가 지원한 분야는 마케팅인데, 마케팅은 상품 개발에서부터 제조, 판매에 이르는 모든 활동을 아우르는 업무이기 때문에 생산부서의 고충과 영업부서의 이해관계를 절충해서 원만한 합의점을 도출하는 데 어려움이 있을 것으로 예상됩니다. 두 부서 간 이견의 핵심은 무엇인지, 불필요한 오해는 없는지, 적절한 선례가 있는지 찾아보고 정확한 근거와 데이터를 가지고 설득해서 합의점을 찾겠습니다. 선배님께 조언을 구하는 것도 좋은 방법이라 생각합니다.

Worst

아직 실무를 해보지 않아서 예상되는 어려움에 대해서는 생각해보지 못했습니다만, 저의 특유의 친화력과 서비스 정신이라면 어떤 어려움도 극복해 낼 수 있다고 자신합니다.

Advice

자신이 지원한 분야가 무슨 일을 하는지, 그에 따른 어려움은 무엇인지를 미리 가늠해보고 그런 어려움에도 불구하고 정말 자신이 원하는 일인지, 어려움에 부닥쳤을 때 어떻게 대처할 것인지 미리 숙고의 기회를 가지라는 의미에서 던지는 질문이다. 업무 특성을 정확히 이해하고 있는 지원자라면 업무 수행 중 난관에 봉착했을 때 이를 극복하려는 노력과 더불어 끝내 해결 방안도 찾을 수 있을 거라고 면접관은 생각한다. WORST 답변처럼 자신이 지원한 분야에 대해 잘 모르고 예상되는 어려움에 대해서는 생각해본 적 없다는 지원자는 자신의 업무에 어떤 어려움이 있을지 모를뿐더러 어려움에 봉착했을 때 이를 극복하기 위해 노력하기보다 적당히 얼버무리거나 회피하려는 성향이 발현될 수 있다고 면접관은 걱정한다. 따라서 이 질문은 예상되는 어려움을 말하는 것이 자신의 무능이나 단점을 드러내는 것이라고 생각해서는 안 되며 본인이 생각하는 어려움을 솔직하게 말하고 100%는 아니라도 나름의 해결 방안을 제시하려 노력하는 것이 면접관의 의도를 정확히 파악한 답변이 될 것이다.

Q68

당신이 우리 회사로 가져올 수 있는 최고의 자산은 무엇이라고 생각하십니까?

저의 최고의 자산은 아르바이트 경험입니다. 아르바이트를 정말 많이 했는데, 식당 설거지부터 고깃집 불판관리, 호프집 서빙, 건설현장 일용직, 친구와 유튜브 채널 운영, 군에서 배운 운전기술로 대리운전도 했습니다. 대리운전을 하면서 정말 많은 다양한 고객을 만날 수 있었는데 이때의 경험을 책으로 출간할 계획도 가지고 있습니다. 경험은 인적 네트워크로 이어지고 시장을 보는 통찰력으로 발전했습니다. 다양한 경험 속에 실패와 좌절을 맛보면서 어려움에 봉착했을 때 쓰러지지 않고 다시 일어서는 의지도 기를 수 있었습니다.

Normal

제가 입사함과 동시에 천 명의 고객을 회사로 가져올 수 있습니다. 저희 부모님과 동생을 가장 먼저 고객으로 확보할 수 있으며, 과 학우와 고교 동창, 동아리와 커뮤니티 친구를 합하여 모두 100명을 시작으로 이들이 각각 두세 명씩의 고객을 더 확보하고, 또 그 사람들이 두세 명씩 추가로 고객을 확보한다면, 천 명을 넘어 만 명의 고객도 얻을 수 있다고 생각합니다. 폭넓은 인적 네트워크가 저의 가장 큰 자산입니다.

열정과 도전정신입니다. 저는 캐나다 어학연수를 통해 아는 사람 아무도 없는 낯선 땅에서 저 스스로 모든 것을 책임지며 공부하고 아르바이트를 하며 열정적으로 살았습니다. 이러한 열정과 도전정신은 제가 회사로 가져올 수 있는 최고의 자산이라고 생각합니다.

Advice

이런 종류의 질문에 대부분의 지원자는 책임감과 성실성, 열정과 도전, 배려심과 친화력 등 몇 개의 단어에서 벗어나지 못하고 결과가 뻔히 예상되는 밋밋한 답변이 난무한다. 그것이 잘못됐다는 것이 아니라 답변 내용이 두루뭉술하고 신선감이 없어 면접관의 관심을 끌기에는 부족하다는 얘기다. 바로 옆 지원자들도 비슷한 과정을 거쳐 이 자리에 온 만큼, 그들과 차별화된 나만의 필살기가 필요하다. BEST 답변은 양과 질에서 타의 추종을 불허하는 차원이 다른 인재라는 것을 보여주고 있다. 질적으로든 양적으로든 많은 경험이 지원자들에게 무기가 될 수 있음을 기억해야 한다. NORMAL 답변은 면접관의 허를 찌르는 재미있는 답변이지만 근거가 빈약하고 논리가 허술해서 좋은 점수를 얻기는 어렵다. WORST 답변은 많은 지원자가 이구동성으로 답변하는 내용이지만 측정 불가능한 말의 성찬으로 면접관의 관심을 끌기엔 역부족이다.

Q69

자신만의 특성을 일과 어떻게 접목시킬 수 있다고 생각하나요?

Best

학창시절 축제를 준비하면서 봉사 동아리 홍보를 위한 기획 회의를 하였습니다. 제가 수화와 마임을 접목해 사람들의 궁금증을 자극해보자는 제안을 했고 이 아이디어가 많은 호응을 얻게 되어 생각보다 많은 동아리 회원을 확보하게 되었습니다. 그 후로 친구나 선배들로부터 아이디어나 센스가 좋다는 얘기를 들었으며, 적성검사나, 성격유형 검사도 창조적인 일에 적합하다는 결과가 나왔습니다. 평소 반복적인 일보다는 새로운 일, 다른 일을 하는 것을 즐거워하고 학교에서 집에 갈 때도 어제와 다른 길로 가거나, 게임에서 선택하는 무기도 매번 다른 것을 선택합니다. 저는 이런 제 특성이 온라인 기획 업무나 마케팅 업무에 접목하면 시너지가 있을 것이라 생각합니다. 저에게 있어 고객의 새로운 요구나 시장의 변화는 항상 즐겁고 새로운 도전이기 때문입니다.

Worst

저는 꼼꼼한 성격입니다. 친구들 간에 서로 불편한 일이 생기면, 제가 항상 그것을 먼저 알아채고 꼼꼼하게 체크해 두었다가 해결해주고 친구들의 고민도 잘 들어주는 편입니다. 저의 이런 꼼꼼한 성격을 살려 고객 상담 업무에 적용하면 고객의 불만을 꼼꼼하게 확인하고 이를 해소하기 위해 노력하여 회사의 신뢰도를 높이는데 일조할 수 있을 것으로 생각합니다.

Advice

이 질문은 지원자의 성격이나 성향은 어떤지, 어떤 유형의 사람인지, 특성은 무엇인지, 그것을 맡은 업무와 어떻게 조화를 이룰 것인지를 가늠해보기 위한 질문이다. 자신이 가진 특성을 어떻게 잘 살려 표현하고 그 특성을 담당 업무와 어떻게 연결하느냐가 관건이다. 자신의 성격적인 특성이나 체력적인 특성, 경험적인 특성을 활용해 자신이 지원한 업무와 유기적으로 접목시켜 이야기하면 된다. WORST 답변은 내용이 잘못돼서가 아니라 뻔한 키워드에 뻔한 결말이라 면접관의 기대에 미치지 못했다. 자음만 나와도 뒤에 무슨 내용이 나올지 짐작이 가능한 경청, 꼼꼼함, 배려, 도전정신 등의 키워드는 더이상 면접관의 관심을 끌기 어렵다는 것을 알고 자신의 특성을 설명할 수 있는 새로운 단어는 없을지 탐구하는 정성을 발휘할 타임이다.

Q70

실제 행하는 업무가 자신이 생각했던 것과 차이가 난다면 어떻게 하겠습니까?

Best

친구 중에 지방 공공기관 전시기획 담당으로 입사한 친구가 있는데 전시기획 업무를 담당할 것으로 기대하고 입사했지만, 관람객이 많으면 하루 종일 안내를 하거나, 전시가 없는 날에는 시설 주변 잔디를 가꾸거나 풀을 뽑는 일이 많았다고 합니다. 이러려고 입사한 것이 아닌 데 시간 낭비라는 생각에 퇴사를 고민하는 친구에게 저는 관람객 안내도, 풀 뽑기도 모두 관객을 위한 일이고 본연의 기획 업무도 기관의 설립 목적도 모두 관객을 위한 것이다. 전시를 목적으로 설립된 기관인 만큼 고객이 없으면 나도 이 기관에 있을 필요가 없다고 생각하면 소중하지 않은 일이 없다고 조언했습니다. 단순히 친구에게 조언을 한 차원이 아니라 제 가치관을 설명한 것이고 저 또한 제가 생각한 업무와 차이가 나더라도 다양한 업무를 경험할 좋은 기회라고 생각하고 긍정적인 마음으로 임하겠습니다.

Worst

어떤 일이든 자기 자신의 확신과 열의가 없으면 성과가 나기 어렵고, 역량에 맞는 업무를 해야 개인도 회사도 좋은 결과를 얻을 수 있다고 생각합니다. 빈도가 잦지 않고 차이가 크지 않다면 감내하겠지만 빈도가 잦고 차이가 크다면 우선 주어진 업무는 최선을 다해 마무리한 후, 상사에게 조심스럽게 제 의견을 말씀드리고 조정이 가능한 범위 내에서 조율해 달라고 부탁하겠습니다.

Advice

'~~하면 어떻게 하겠느냐'인 IF 가정 질문은 누구나 어렵지 않게 모범답안을 제출할 수 있는 '답정너' 질문이다. 면접 때는 흔쾌히 모범답안을 제출했던 이 질문이 입사해서 실제로 그런 상황에 놓이게 되면 얘기가 달라진다. WORST 답변도 실제 그런 상황에 놓이게 된 자신에 이입해서 나온 답변이라고 판단된다. 내 일과 관계없는 일을 하거나, 관련은 있지만 생각과는 다른 일을 해야 할 때는 하루에도 수십 번 퇴사의 유혹에 흔들리게 된다. 아무리 찾아보고 간접 경험을 해도 이 회사에서 이 업무를 해보지 않는 이상 알 수 없는 영역이 존재하기 때문에 일어날 수 있는 현실인 것이다. 그러나 나는 조금 다른 시각에서 이 문제를 바라볼 것을 권한다. 우리에게 꼭 필요한 물(H2O)도 수소 원자 2개, 산소 원자 1개로 구성되어 있는 것처럼 담당 업무가 A라고 해서 그것이 100% A로만 채워져 있는 경우는 없다. 상관없어 보이는 B, C도 A를 수행하는 데 필요한 부분이고, 또 그것이 A와 상관없는 일이라도 그 자체로 좋은 경험이고 다른 상황에 필요한 경험이 될 수 있기 때문에 본질이 달라지지 않는다면 조금은 여유를 가지고 임했으면 한다. 일정 기간 시간이 흐르고 경력이 쌓이면 점점 내가 원하는 수준의 순도 높은 업무를 할 가능성이 커진다. 세상에 쓸데없는 경험이란 없다.

Q71

만약 원하는 부서에 배치받지 못하면 어떻게 하겠습니까?

회사에서 저를 다른 부서에 배치한 데는 이유가 있다고 생각합니다. 면접이나 교육 과정에서 제가 생각하지 못한 저의 다른 가능성을 보시고 제가 원하지는 않지만, 저와 더 잘 맞는 부서에 배치했다고 생각합니다. 세상에 쓸데없는 경험이란 없다는 것이 제 모토이고 모든 경험에는 의미가 있다고 생각합니다. 제가 지원한 부서가 아니라도 다양한 경험을 쌓을 좋은 기회라 생각하고 열심히 임할 생각이며 후에 다른 부서에 배치되었을 때 제 경험이 시너지를 발휘할 수 있다고 생각합니다.

Worst

제가 원하는 부서에 배치 받지 못한다면 조금 서운할 수는 있겠지만 최대한 긍정적으로 생각하고 수용하도록 하겠습니다. 다만, 배치될 부서가 업무 연관성이 전혀 없거나 장기적으로 비전을 찾기 어려운 일이라면 고민이 될 것 같습니다.

Advice

이 질문은 지원자의 사고가 유연한지 조직에 적응하는 데 문제가 없는지를 확인하기 위한 질문이다. 채용과정에서 착오나 사고가 있어서 지원한 부서에 배치되지 않는 경우도 있지만, 기업은 본래 개인의 적성과 역량에 따라 가장 적합한 부서에 배치해 최고의 성과를 내는데 그 목적이 있다. 따라서 지원자의 적성이나 역량 및 보유 스킬, 희망 직무, 개인 성향 등 모든 요소를 고려해 부서를 배정한 만큼 면접에서의 모범 답안이 아니라도 회사의 판단을 믿고 배치된 부서에서 자신의 역량을 발휘해 보는 것도 좋은 기회가 될 것이다. WORST 답변은 소신 있는 답변이라는 점은 인정하지만, 면접 프리패스 할 정도의 뛰어난 역량을 가진 지원자가 아니라면 절대 신중해야 할 답변이다.

Q72

단체 활동에서 의견 충돌이 일어날 경우 어떻게 하겠습니까?
(팀 프로젝트에서 동료가 비협조적이라면)

먼저 대원칙을 정하는 것이 우선이라 생각합니다. 단체라면 그 단체에 맞는 규정이나 원칙이 있을 것입니다. 대원칙 하에서는 소수 의견이라도 그것이 옳다면 존중받을 수 있다고 생각합니다. 대원칙을 벗어난 논제에 대해서는 다수결의 원칙에 따라 결론을 내리고, 그래도 결론에 도달하지 못한 경우에는 단체를 이끄는 책임자가 상호 의견을 조율해 최종 판단을 하는 것이 맞다고 생각합니다.

Worst

저는 대화와 타협을 중시합니다. 의견 충돌 시 상대방의 의견을 충분히 듣고 저의 의견을 상대에게 말해 주어 상대를 설득합니다. 여러 자료와 함께 이해시켜보고 직접 느낄 수 있도록 체험시켜 주면 의견 충돌을 없애는 데 많은 도움이 됩니다.

Advice

단체 활동은 회사생활과 같은 선상에 있다. 당신이 회사의 일원으로서 늘 일어나는 의견 충돌 과정을 어떻게 풀어나가는지, 그를 통한 대내외적인 인간관계를 어떻게 형성해 나가는지, 합리적인 결론에 도달하고 있는지를 보려는 질문이다. BEST 답변은 구체적이고 논리적인 근거를 제시한 점에서 면접관의 공감을 얻었고 여러 시도에도 결론이 나지 않을 경우, 조직원이 선출한 책임자의 판단에 맡기겠다는 점에서 회사의 의견에 따르겠다는 긍정적인 의미로 해석될 수 있어서 바람직하다. WORST 답변은 대화와 타협이 안 돼서 충돌이 일어났을 때 어떻게 풀어가겠는가를 묻고 있는 면접관에게 대화와 타협을 통해서 문제를 해결하겠다는 자충수를 두고 있다.

Q73

우리 회사의 경쟁사가 어디라고 생각하나요?

JK전자부품입니다. 저희와 같은 대한자동차 1군 벤더로, 이번에 대한자동차 S-1074 시리즈에 JK전자부품의 커넥터가 채택된 것으로 알고 있습니다. 플라스틱 사출 분야를 정리하고 커넥터 분야에 집중해서 얻어낸 결과라고 생각합니다. 저희도 선택과 집중 전략으로 커넥터와 하네스 분야에 집중 투자한다면 좋은 결과로 이어지리라 생각합니다.

Worst

제가 생각하는 경쟁사는 JK전자부품입니다. 저에게 입사할 기회를 주신다면 최대한 빨리 경쟁사의 강점을 파악하여 우리 회사 제품이 그들보다 시장에서 우위를 점할 수 있도록 최선을 다하겠습니다.

Advice

지원 기업에 애정을 가진 지원자가 동종업계나 경쟁사의 정보에 관심을 가지는 것은 너무나 자연스러운 일이다. 터무니없는 거짓 정보만 아니라면 정확성이 다소 떨어지더라도 자기가 생각하는 경쟁사를 지목하고 그에 맞는 나름의 근거를 제시하면 문제 될 것은 없다. 질 높은 답변을 한 지원자에게는 공부를 많이 했다, 어떻게 이런 내용을 알게 되었느냐, 나보다 많이 안다 등 면접관들의 후한 반응이 있기도 한데, 경쟁사에 대한 관심이 아니라 지원 기업에 대한 애정에서 경쟁사를 연구했다는 의지를 명확히 전달하는 것이 중요하다. 홈페이지만 단편적으로 훑은 지원자들은 WORST 답변처럼 단편적인 내용에서 벗어나지 못한다. 이를 극복하기 위해서는 평소 경제신문을 정기 구독하면서 시장경제 전반의 흐름을 읽고 자연스럽게 체화하는 노력이 필요하다.

Q74

일에 있어서 슬럼프가 생기면 어떻게 극복하실 건가요?

❶ 이것은 제가 개발한 저만의 방법인데, 다른 사람의 의자에 앉아서 제 자리를 바라보겠습니다. 학교 다닐 때 자주 활용하던 방법인데, 친구의 자리에 앉아서 제 자리를 바라보면 신기하게도 제가 가진 고민거리가 아무렇지 않게 느껴지고, 부정적인 생각에서 빨리 벗어날 수 있었습니다. 저 자신을 다른 사람의 시각에서 객관적으로 바라볼 수 있게 해주는 효과로, 다른 어떤 방법보다도 빨리 슬럼프를 벗어날 수 있게 해주는 방법입니다.

❷ 저 자신에게 휴가를 주겠습니다. 휴가 시간을 가지면서 잠시 일에서 빠져나와 자신을 스스로 정리해보면 슬럼프에 빠진 원인을 가늠할 수 있을 것입니다. 한 박자 쉬면서 다음날을 계획하다 보면 분명히 반전의 기회가 올 것이라 생각합니다.

Worst

일을 하다 보면 결과가 부정적일 수도 있고 슬럼프가 올 수도 있습니다. 저는 슬럼프가 왔다고 좌절하기보다는 이전보다 두 배 세 배 노력하고 남들보다 더더욱 열심히 해서 슬럼프를 극복하겠습니다.

Advice

조직 생활은 좋은 일보다는 힘든 일이 많고, 힘든 일이 잦다 보면 슬럼프에 빠지기 쉽다. 슬럼프는 스트레스보다 훨씬 무겁고 오래가므로 반드시 자신만의 극복법을 가지고 있어야 조직 생활에서도 심각한 상황으로 발전하지 않는다. 구체적이고 독창적인 극복법을 제시해야만 면접관의 공감을 얻을 수 있는데, 그런 점에서 BEST 답변 ❶은 아이디어가 참신하고 구체적이어서 설득력이 있다. BEST 답변 ❷ 또한 우리가 흔히 하는 슬럼프 극복법이라 현실감 있게 다가온다. WORST 답변은 그저 두세 배 노력하고 남들보다 더 열심히 하겠다는 공허한 답변으로 면접관의 스트레스 지수를 높이고 있다.

Q75

상사와의 갈등이 있을 경우 어떻게 하겠습니까?

Best

갈등의 원인을 정확히 파악해보고 그에 맞는 적절한 해결 방법을 찾아보도록 하겠습니다. 업무를 하는 과정에서 생긴 갈등은 경험이 많은 상사의 뜻을 따르고, 업무 진척 상황을 수시로 보고하여 상사와의 신뢰를 쌓도록 하겠습니다. 업무가 아닌 성격이나 성향의 차이에서 오는 갈등일 경우에는 상사와 좀 더 인간적으로 가까워질 수 있는 계기를 마련하도록 하겠습니다. 티타임을 가지거나 식사, 가끔 술 한잔하면서 취미나 특기를 파악하고 그것을 기억하고 관심을 표해드리면서 자연스럽게 성격 차이를 극복하도록 하겠습니다.

Worst

저는 친화력이 좋고 배려심이 있는 사람입니다. 이런 성격 덕분에 지금까지 다른 사람과 갈등을 겪어본 일이 없기 때문에 상사와의 관계에서도 갈등을 만들지 않을 자신이 있습니다. 상사에게 인간적으로 먼저 다가가려고 노력하고, 스스로 자세를 낮춰서 상사로부터 신뢰를 받을 수 있는 직원이 되도록 노력하겠습니다.

Advice

어떤 조직도 갈등이 없는 조직은 없다. 성장을 거듭하는 기업도 많은 갈등을 해결해 가는 과정을 겪으며 성장하는 것이다. 결국, 갈등은 조직이 건강하다는 의미이며, 갈등 요인을 어떻게 풀어 가는가에 따라 발전하거나 쇠락하는 것이다. WORST 답변과 같이 자신감을 갖는 것은 좋으나, 상사와의 인간관계에서 갈등을 만들지 않을 자신이 있다는 것은 신중하지 못한 답변이며, 괴변에 가까운 느낌을 준다. 면접관 역시 입사 후 지원자의 상사의 한 사람이라는 것을 잊지 말아야 하며, 갈등을 해결하는 방법을 보다 구체적으로 설득력 있게 제시하는 지원자가 좋은 평가를 받을 수 있다.

Q76

동료가 당신에게 무능력하다고 비난하면 어떻게 하겠습니까?

우선 어떤 점에서 제가 무능력하다고 느꼈는지 동료에게 들어보겠습니다. 제가 미처 생각지 못한 저의 부족한 부분이라면 동료에게 바른 지적을 해 준 데 대해 감사하고, 개선하기 위한 자기계발 방안을 찾도록 하겠습니다. 동료가 오해한 부분이 있다면 당시 상황이나 제 생각을 전하고 최대한 이해시키려 노력할 것이고, 동료가 근거 없이 저를 폄하하거나 비방한 것이라면 그 행동이 적절하지 않았음을 전하고 이후에는 업무 외에도 인간적으로도 좀 더 친해지기 위한 노력을 하겠습니다.

Worst

동료가 저를 비난한다고 해서 저도 동료를 비난하는 것은 좋은 방법이 아니라고 생각합니다. 더 이상의 불필요한 오해가 생기지 않도록 반응을 하지 않고 시간이 지나 자연스럽게 해결될 수 있도록 기다려 보겠습니다.

Advice

직장생활을 하다 보면 상사나 주변 동료들로부터 좋지 않은 평가를 받게 되는 경우도 있고 뜻하지 않게 의견이 대립하거나 갈등을 겪는 경우도 있다. 이런 상황에 처했을 때 지원자가 동료와의 관계를 어떻게 풀어 가는지 대응 방안을 들어보기 위해 던지는 질문이다. 이런 상황을 실제로 겪는다면 가슴이 철렁 내려앉을 만큼 속상하고 당황스러워 적극적으로 행동에 나서기는 쉽지 않겠지만 면접에서 이런 질문을 받는다면 어떤 것이 모범답안인지 우리는 알고 있다. 실제 상황이라면 WORST 답변이 꼭 틀렸다고 보기 어렵고 또 이렇게 아무것도 할 수 없는 경우도 있겠지만 면접에서는 아주 소극적이고 무기력해 보이는 답변이므로 지나치게 현실에 대비해 답변할 필요는 없다. 회사라는 조직은 보다 적극적이고 능동적으로 문제를 해결하고 행동하기를 기대하고 있다. 특히나 면접에서는 실제 행동보다 더 적극적이고 능동적으로 어필하는 것이 면접관들의 불안감을 누그러뜨리는 답변일 것이다.

Q77

상사가 부당한 일을 시킨다면 어떻게 하겠습니까? (상사가 시간 외 근무를 지시한다면)

그 일이 제 개인이 느끼는 감정이고 자주 있는 일이 아니라면 다소 부당하더라도 상사의 지시를 따르겠습니다. 하지만 그것이 법과 원칙을 거스르는 범법행위라면 지시를 따를 수 없음을 말씀드리고 법에 위배되지 않는 다른 더 좋은 방법을 찾아보도록 하겠습니다.

Worst

고민이 되겠지만 부당하다고 생각하는 일이라면 저의 가치관과 맞지 않는 일이라는 것을 말씀드리고 지시에 따르지 않겠습니다.

Advice

'이치에 맞지 아니하다'라는 부당함의 정의만 놓고 보면 상사의 부당한 지시는 절대 따라서는 안 된다는 대원칙이 성립되지만, 부당함의 기준이 개인적으로 느끼는 부당함이라면 법과 원칙을 거스르는 범법행위와는 구별해서 답변하는 것이 보다 합리적인 답이 될 것이다. 예를 들어 상사가 자신은 팀장 회의에 들어가야 하니 대신 자료를 조사해 달라거나, 점심 먹고 들어오는 길에 은행에 들러 현금 서비스를 받아달라고 하면 기분이 썩 좋지는 않겠지만 그렇다고 일언지하에 거절할 정도로 부당하다고 하기는 무리가 있다. 하지만 상사가 자신의 지위나 직책을 이용해 상대 기업에 거액의 리베이트를 상납하도록 지시하거나 회사 공금을 유용하는 등의 범법행위를 눈감아 달라고 하면 그것이 한 번이라 하더라도 법과 원칙에 따라 단호하게 대처해야 한다. 개인적인 부탁이라고 해서 무조건 들어주라는 얘기가 아니라 사안에 따라 정도에 따라 융통성을 발휘하라는 얘기고 실제로 많은 직장인이 그렇게 하고 있다. WORST 답변은 부당함이라는 단어에 매몰되어 불법적인 지시로만 제한적으로 해석하고 있다. 이런 종류의 IF 가정 질문을 받으면 우선 지시에 따르겠다고 하고 사안에 따라 대처하겠다고 하는 것이 현명한 답안이다. 유사 질문으로 '상사가 시간 외 근무를 지시한다면 어떻게 하겠는가'라는 질문도 마찬가지다. 우선 상사의 지시에 따르겠다고 하고 추후 의견을 제시하겠다는 답변이 바람직하다. 예를 들면, '먼저 지시한 내용의 긴급성과 중요도를 확인하겠습니다. 긴급하게 처리해야 할 일이라면 근무 외 시간이라도 당연히 해야 할 일이라고 생각합니다. 반대로 일정이 그리 급하지 않은 사안이라면 일정에 맞춰 처리하겠다고 말씀드리고 제가 맡은 다른 긴급하고 중요한 일을 먼저 처리하겠습니다.'라는 답변이 정석일 것이다.

Q78

상품(서비스)에 대해 불평하는 고객에게 어떻게 대처하겠습니까?

우선 죄송하다고 말씀드리고, 고객 불평의 원인이 정확히 무엇인지 파악할 수 있도록 고객의 말씀을 듣고 문제해결에 필요한 질문도 하면서 고객의 니즈를 파악하겠습니다. AS로도 해결이 안 되는 하자라면 백 마디 말보다 환불이나 교환 등 빠른 조치가 필요합니다. 그러나 기대와 다르다거나 생각보다 저품질이라 실망한 경우라면 고객의 불평에 공감하면서 제품 사양의 한계에 따른 어쩔 수 없는 부분임을 솔직하게 말씀드리고, 고객이 미처 발견하지 못한 다른 장점을 알려드리거나 사용 시의 불편을 해소하기 위한 사용법을 찾아 최대한 쉽게 풀어서 설명해 드리고 불편 없이 사용하실 수 있도록 도와드리겠습니다.

Worst

우선 죄송하다고 말씀드리고 고객의 마음이 풀릴 때까지 고객의 말씀을 충분히 들어드리겠습니다. 불평하는 고객들은 화가 나 있기 때문에 설명하려 하기 보다 화가 가라앉을 때까지 충분히 들어드리면 마음이 누그러지고 제 말도 설득력 있게 다가간다고 생각합니다. 저는 평소에도 공감 능력이 뛰어나고 다른 사람의 말을 잘 들어주는 편입니다. 이러한 저의 경청능력과 공감 능력이라면 고객 불만도 능숙하게 해결할 수 있을 것이라 생각합니다.

Advice

이런 종류의 질문에 빠짐없이 등장하는 단어가 경청과 공감이다. 대부분의 지원자가 경청과 공감을 자신의 무기로 들고 끝까지 들어주면 고객의 불평이 누그러진다는 말을 한다. 고객의 말을 끝까지 들어주고 공감해 주는 것은 대단히 중요한 일이지만 그저 들어드리고 죄송하다는 말씀을 드리는 1차원적인 접근은 곤란하다. 어느 때 보다 똑똑한 소비자를 상대로 공감을 이끌어내어 불평을 누그러뜨리고 재구매로 이어지게 하기 위해서는 소비자보다 최소한 2배는 제품에 대해 잘 알고 있어야 하고 고객의 다음 니즈는 뭘까 고민해 보아야 한다. 불평을 늘어놓는 고객에게 불평의 핵심이 무엇인지 정확히 모르고 그저 죄송하다는 말로 일관하는 직원을 보면 제품에 대한 불만을 넘어 브랜드에 대한 불신으로까지 이어지게 된다. 소수의 블랙 컨슈머를 제외한 대부분의 고객은 '죄송하다'를 연발하는 상냥하기만 한 하이톤의 상담자보다는 내가 말하는 클레임의 근본적인 원인이 무엇인지에 집중하여 문제를 해결하려는 자연스러운 톤의 대화가 가능한 상식적인 상담자를 원한다는 것을 기억했으면 한다.

Q79

상사가 비효율적인 방법으로 일을 하라고 하면 어떻게 하시겠습니까?

Best

❶ 일을 해보기 전에는 비효율적인지 아닌지 알 수 없기 때문에 우선 상사가 지시한 대로 업무를 하고 다른 더 좋은 방법이 있으면 상사께 결과를 보고할 때 각각의 장단점을 비교해 말씀드리고 더 나은 방법을 제안해 보겠습니다.

❷ 상사가 지시한 대로 해보고 그것이 비효율적이라면 그 방법을 제시하신 이유를 여쭤보고 특별한 이유가 없다면 다른 방법을 제안해 보겠습니다. 일을 처리하는 방식은 일정 부분 습관이 작용한다고 생각하며 상사의 방법이 무조건 비효율적이라고 생각하기보다는, 저분께는 저 방법이 몸에 배어 편한 것이라고 생각합니다. 제가 취하는 방식이 비효율적인 부분도 있을 수 있으므로, 무조건 내 방식이 옳고 다른 사람은 잘못되었다고 하기 보다는 그분의 방식도 존중하겠습니다.

Worst

상사의 방법이 비효율적이라면 솔직하게 비효율적이라고 말씀드리고 제가 생각하는 효율적인 방법으로 일을 처리하겠습니다. 어떤 부분이 어떻게 비효율적인지를 조목조목 말씀드리고 다음에 일을 처리할 때는 보다 효율적으로 할 수 있도록 처음부터 확실히 하는 것이 좋다고 생각합니다.

Advice

이런 질문에는 우선 상사의 지시에 따르겠다고 답변하는 것이 정석이다. 우선은 상사의 지시에 따르고 결과를 보고할 때나 추후 같은 방법으로 지시한다면 그때 다른 더 좋은 방법이 있음을 제안하고 과거의 방법과 어떤 차이가 있고 어떻게 더 효과적인지 비교해 말씀드리는 것이 바람직하다. 말 한마디로 쉽게 해결되는 경우도 있지만, 때에 따라서는 상사의 방법과 내가 제시하는 방법을 비교 분석한 자료를 가지고 설득을 해야 하는 경우도 있다. 실제 직장에서 자주 일어나고 있는 일이고 겉으로는 상사의 지시를 따르면서도 속앓이하며 상사를 어떻게 설득해야 할지 고민하는 직장인이 많다. 누구라도 마찬가지겠지만 지적을 당하는 것은 유쾌한 일이 아니며 하물며 상대가 부하직원이나 후배라고 한다면 자신의 방법이 비효율적이라고 하는데 흔쾌히 이를 인정하고 받아들이기는 쉽지 않다. 따라서 이 질문은 역지사지하는 마음으로 내가 다른 사람에게 지적당하거나 내가 제시한 방법이 비효율적이라는 것을 인정해야 한다고 가정하고 답변해야 한다. 여기서 중요한 것은 효율적인 방법이 포커스가 아니라 상사의 심기를 불편하게 하지 않으면서도 효과적으로 상사를 설득할 수 있는 대화 스킬과 커뮤니케이션 역량이다. WORST 답변도 문제 될 것은 없지만 선배 입장에서 보면 BEST 답변이 더 상사의 입장을 배려한 답변이다.

Q80

자신이 노력한 것보다 낮은 평가가 나왔을 때 어떻게 하시겠어요?

노력한 것보다 낮은 평가가 나왔다고 생각하는 것은 저의 주관적인 판단이기 때문에 어떤 부분이 부족한지, 어떻게 보완해야 하는지 평가 결과를 분석하고 상사나 선배, 동료들에게 조언을 구해 부족한 부분을 채우기 위해 노력하겠습니다. 필요한 교육을 수강하고 자격증을 취득하는 등 장기적인 노력과 더불어 업무에 투입하는 시간을 최대한 늘리는 방법이 가장 현실성 있다고 생각합니다. 가시적인 성과가 있을 때까지 1시간 일찍 출근하여 전날 처리한 업무를 다시 확인하고 오늘 할 일을 사전 점검하는 루틴을 만들어 업무 완성도를 높이겠습니다.

Worst

낮은 평가가 나왔다고 하는 것은 결국 제가 한 업무에 대해 만족하지 못한다는 것이기 때문에, 그 원인에 대해 상사분들께 문의해보고, 대화 과정에서 필요하다면 제 의견도 말씀을 드려서 회사의 평가가 맞는지 다시 판단을 받아보도록 하겠습니다.

Advice

지원자의 상황을 받아들이는 태도, 이에 따른 자기계발 의지 등을 가늠해보는 질문이다. 몇 차례 언급한 대로 '~하면 어떻게 하겠느냐?' 하는 IF 가정의 질문은 먼저 긍정적으로 답하고 후에 방법을 모색하겠다고 답변하는 것이 정석이다. 전형적인 제로섬 게임의 결과로 나타나는 현실 직장에서의 고과 평가는 정당한 이의제기 절차가 있어 자신의 기대에 못 미치는 결과가 나오면 팀장이나 본부장 또는 인사팀에 정식으로 이의를 제기해 평가 결과가 조정될 때도 있지만, 면접에서는 무조건 수용하겠다고 밝히고 조직의 판단에 최대한 순응하겠다는 답변이 바람직하다. WORST 답변은 현실 조직 생활에서는 당연한 의견 개진이지만 여기는 면접 자리라는 것을 명심해야 한다.

Q81

본인의 업무 스타일은 어떤 유형인가요?

먼저 루틴을 지켜 변함없이 계속해야 하는 일과 시급하고 중요한 일 사이에 우선순위를 정해 일정을 수립하고 그에 따라 세부 계획을 짜는 스타일입니다. 일을 할 때는 일정관리가 중요한데 업무 진척도를 매일 체크하면서 이전 자료에서 참고할 사항이 있는지 새로운 이슈는 무엇인지 확인하고 문제점을 파악해 이를 해결할 방법을 찾습니다. 저 혼자 처리하기 힘든 일은 동료나 선배님의 협력을 얻어 해결하고 있습니다.

Worst

저는 협업을 중시합니다. 제가 잘 할 수 있는 일은 혼자 처리하겠지만 혼자 하기 힘든 일은 동료나 선배, 상사와 협업하도록 하겠습니다. 저는 누구와도 스스럼없이 어울리는 친화력을 바탕으로 협업을 이뤄낼 자신이 있습니다. 저에게 입사 기회를 주신다면 최단 시간 내에 업무를 익혀 저의 업무 분야에서 전문가가 될 수 있도록 노력하겠습니다.

Advice

통상 업무를 처리할 때는 지속적으로 꾸준히 반복되는 일상적인 업무와 중간중간 발생하는 시급하고 중요한 업무를 염두에 두고 조화롭게 처리하는 것이 일반적이다. 이는 업무에만 적용되는 것이 아니라 업무 외적인 일, 즉 개인적인 일이나 모임에도 적용되는 기준으로, 특별한 경우를 제외하고는 이 기준대로 처리하면 무리 없이 처리할 수 있다. 이어지는 후속 질문으로 구체적인 사례를 들어 설명하라고 하면 그간의 학과 활동이나 동아리 활동, 아르바이트 하면서 형성된 본인의 일 처리 방식을 사례로 들어 얘기하면 된다. 직장 경험이 없는 신입에게 업무 스타일에 대해 질문을 하는 것은 인턴이나 아르바이트, 동아리 활동에서의 업무 처리 방식을 들어보고 실제 근무 시에 어떻게 적용할 것인지를 가늠해보려는 면접관의 의도가 담겨있다. WORST 답변처럼 어떤 질문을 해도 자신의 장점으로 연결해서 억지스럽게 어필하려는 경우가 있는데 이런 답변은 콘텐츠가 빈약해 보이고 구태스러운 방식이므로 지양해야 한다.

Q82

자신의 업무와 다른 업무를 요청받으면 어떤 기준과 순서로 처리하겠습니까?

다른 업무를 요청받더라도 시급성과 중요도를 기준으로 처리하겠습니다. 제 업무가 아닌 다른 업무를 요청받으면 제 업무와 요청받은 업무 중 가장 시급하고 중요한 일이 무엇인지 우선순위를 정해 그에 따라 일정을 수립하고 세부 전략을 짜겠습니다. 다른 일을 요청받은 만큼 일정에 차질이 없도록 업무 진척도를 체크하면서 제가 잘 할 수 있는 부분은 빠르게 처리하고, 혼자하기 힘든 부분은 동료나 선배의 도움을 받아 처리하도록 하겠습니다.

Worst

제 업무가 아닌 다른 일을 요청받으면 당황스럽긴 하겠지만 제가 할 수 있는 한도 내에서 최선을 다하겠습니다. 경험이 없어 미숙한 부분도 있겠지만 저의 성실성과 책임감을 발휘한다면 어떤 업무라도 수행하지 못할 일은 없다고 생각합니다.

Advice

자신의 업무가 아닌 다른 업무를 요청받게 되면 누구나 당황하기 마련인데 이런 경우에도 자신만의 기준을 세워 본연의 업무와 요청 업무 사이에서 균형감 있게 일을 처리할 수 있는지 확인하는 질문이다. 본연의 업무 중 지속적으로 꾸준히 반복해야 하는 일상 업무와 시급하고 중요한 업무를 구분하여 계속 진행하면서도 요청받은 다른 업무를 수행하기 위해서는 무엇보다 일정관리가 중요하며 이후 시급성과 중요도에 따라 선택과 집중을 통하여 업무를 전략적으로 수행하는 것이 효과적이다. 여기서 면접관이 궁금한 것은 일을 처리하는 기준과 순서다. WORST 답변처럼 모든 질문에 빈약한 단어 몇 개로 자신의 장점을 어필하는 경우가 있는데 초점을 한참 벗어난 답변이다.

Q83

우리 회사 홈페이지를 사람들에게 알리려면 어떻게 해야 할까요?

Best

회사 홈페이지를 알린다는 것은 결국 회사를 알리는 것이고, 회사의 제품을 알리는 것이라고 생각합니다. 먼저 회사의 미션과 비전에 맞게 홈페이지가 구성되었는지 확인하고, 홍보 대상을 정확히 설정하고 그에 맞게 콘텐츠를 구성하는 것이 우선이라고 생각합니다. 나이나 직업군, 매체 친숙도에 따라 구분하여 온라인에 익숙한지 오프라인에 익숙한지에 따라 온오프라인 비중을 조절해 적은 비용으로 최대 효과를 낼 수 있도록 전략적으로 홍보해야 한다고 생각합니다.

Worst

유튜브나 인스타를 통해 홍보하겠습니다. 유명 인플루언서를 섭외해 우리 회사와의 업무 제휴를 통해 회사 홈페이지를 홍보하고 회사 주력제품 이벤트를 실시해 인지도를 올리도록 하겠습니다.

Advice

홍보나 마케팅, 디자인 계통에 지원한 지원자라면 한 번쯤 받아봤을 만한 질문으로, 많은 지원자가 유명 인플루언서와의 협업이나 이벤트를 쉽게 예시로 든다. 가장 용이한 홍보 방법이긴 하나, 비용 대비 효과를 고려할 때 홍보 대상층이 누구냐에 따라 취사선택해서 홍보하는 것이 훨씬 효과적이라는 생각이다. BEST 답변처럼 회사 홈페이지를 알리는 것은 결국 회사와 제품을 알리고자 하는 것이고 이것이 매출 신장이나 눈에 띄는 성과로 이어질 때 의미 있는 홍보가 될 것이다. WORST 답변은 홍보 대상에 따라 당연히 고려할 만한 방법이긴 하지만 다른 고민 없이 누구나 쉽게 떠올릴 만한 방법을 제시해 면접관의 기대치에 미치지 못했다. 이 질문과 같이 준비하면 좋은 질문으로 '회사 홈페이지를 보고 느낀 점이나 개선점이 있으면 말해보라'든가, '회사 홈페이지의 장단점이 무엇이고 본인이라면 어떻게 바꿔보고 싶은지' 등의 질문이 있다. 이때는 홈페이지 내용을 외우는 데 집중하기보다 홈페이지 자체에 대한 분석 즉, 디자인이나 색감, UI를 비롯해 콘텐츠가 무엇인지, 각각의 콘텐츠가 가진 의미와 스토리는 어떤 것인지에 집중하면서 준비하면 도움 될 것이다.

Q84

자신이 서비스 정신이 있다고 생각합니까?

네 있습니다. 저의 강점은 어디서든 편안하게 스며드는 모나지 않은 성격과 주인의식입니다. 어린 시절 할머니와 함께 3대가 같이 살았고 부모님 모두 일을 하셔서 할머니를 챙기는 일은 제 담당이었습니다. 이를 통해 자연스럽게 세대를 아우르는 소통 능력을 기를 수 있었고 내 일이든 아니든 구분 없이 책임감을 가지고 임하게 되었습니다. 여기에 아르바이트하면서 쌓은 주인의식이 더해져 서비스 정신이 완성되었다고 생각합니다.

Worst

네 있습니다. 저는 주변 사람들로부터 친절하고 배려심이 있다는 말을 자주 듣습니다. 또, 다른 사람의 말을 끝까지 잘 들어주는 경청능력이 있으며 어떤 행동을 할 때도 타인의 입장을 먼저 고려해 행동합니다. 이런 경청능력과 배려심이라면 어떤 고객에게도 친절하게 대할 자신이 있습니다.

Advice

상대적으로 모든 직무에 해당하는 질문이라기보다는 서비스와 관련 있거나 파생되는 직종에 해당하는 질문이다. 자신이 지원한 분야가 서비스와 관련된 직종이라면 한 번쯤은 이 질문에 대비해 구체적인 답변을 준비하는 것이 좋다. 그러기 위해서는 우선 이 일이 나의 적성이나 성향에 맞는지, 맞다면 남들과 다른 차별점이 무엇인지 고민해 보고 그런 진지한 고민 과정에서 나온 자신만의 차별점이나 아이디어를 개진하는 것이 남들과 다른 비교우위 전략일 것이다. BEST 답변은 자라온 환경을 배경으로 자신의 강점을 말하고 이에 덧붙여 경험을 통해 축적된 자신의 강점을 증명해 주고 있어 신뢰할만하다. WORST 답변은 잘못된 답변은 아니지만 뻔하고 흔한 단어 조합으로 면접관을 실망하게 만들었다. ㄱ자만 나와도 경청으로 들리고 ㅂ만 들어도 배려라고 들릴 정도로 많은 지원자가 남용하다 보니 경청과 배려라는 고유의 좋은 의미도 빛이 바랜 느낌이다. 형형색색 알록달록 치장한 간판보다 차분하고 담담한 간판이 더 눈이 가는 이치다.

Q85

직장에서 단순 반복 업무만 하게 된다면 할 수 있나요?

업무는 단순 반복적인 일과 복잡 다양한 일이 서로 조화를 이룰 때 성과로 나타난다고 생각합니다. 제가 맡은 일의 특성이 단순 반복적이라면 감수해야 한다고 생각하며 같은 일이라도 더 나은 방법을 고민하고 새로운 시도를 하고 실수를 줄인다면 결과는 전혀 다를 거라고 생각합니다. 육체는 단순 반복 업무를 하되 정신은 항상 개선점을 발견해내는 데 활용하겠습니다.

Worst

단순 반복 업무는 제 적성에 맞는 일이라서 잘할 수 있습니다. 단순 업무는 스트레스를 받을 일도 없고, 오래 할 수 있어서 오히려 선호하는 편입니다.

Advice

실제 면접에 자주 등장하는 질문으로, 질문 형태만 보면 '~하면 어떻게 하겠습니까'와 같은 IF 가정 형태의 질문이지만, 이 질문을 하는 이유는 실제 업무가 단순 반복적이어서 라기보다는 지원자들의 막연한 기대감을 깨트려 입사 후 맞닥뜨릴 현실에 연착륙하기를 바라는 면접관의 속내가 담겨있다고 할 수 있다. 신입사원의 반이 2년 이내에 퇴사한다는 조사 결과를 보더라도 기업은 신입의 퇴사율을 낮추기 위해 갖은 방법을 동원해야 하고, 이에 대한 선제적 조치의 일환으로 입사 의지가 희미한 지원자는 걸러내고 안정적으로 오래 근무할 지원자를 뽑겠다는 의지로 풀이된다. 실제 업무와 직무기술서 상의 내용에 괴리가 심하거나 환상을 품고 입사했다가 막상 일을 해보니 기대에 못 미쳐 퇴사하는 경우가 많은데 이런 지원자라면 애초에 입사하지 않는 것이 회사에도 지원자에게도 도움 되는 길이니 회사나 업무에 대해 더 알아보고 최악의 상황도 고려해보고 입사를 하라는 것이다. 현실 면접에서 자신의 소신을 밝히는 것은 스스로를 위험에 빠트리는 어리석은 행동이므로 절대 피해야 하겠지만, 그렇다고 WORST 답변처럼 지나친 저자세는 그것이 사실이라 하더라도 자신이 무능하고 매력 없는 지원자라는 것을 자인하는 것으로 면접관의 선택을 받기 어렵다.

Q86

신입사원으로서 마음가짐이 어떠해야 한다고 생각하나요?

Best

❶ 근태를 철저히 지키는 성실함과 무엇이든 배우고 흡수할 수 있는 스펀지 정신이 있어야 한다고 생각합니다. 예의 바르게 행동하고, 배우는 자세로 선배님들의 한 마디 한 마디를 새겨듣고 잘할 수 있는 부분은 살리고, 부족한 부분은 학습하면서 업무의 기초를 쌓아야 한다고 생각합니다.

❷ 바른 인성과 적극적인 태도로 임하는 것이 중요하다고 생각합니다. 선배나 상사가 시키는 일만 하는 것이 아니라, 스스로 할 일을 찾아 능동적으로 임하고 부족한 부분은 배우며 스스로는 발전시켜 나가는 것이 바람직한 신입의 자세라고 생각합니다.

Worst

제일 먼저 출근하고 제일 늦게 퇴근하겠습니다. 모르는 직원에게도 친절하게 인사하고 선배와 상사에게 친근하게 먼저 다가가고 빠른 업무 파악을 위해 모르는 것은 물어보며 전문가가 되기 위해 최선을 다하겠습니다.

Advice

최근 한국고용정보원이 실시한 조사에서 '신입사원을 뽑을 때 가장 중요하게 생각하는 것이 무엇이냐'는 질문에 직무 관련 경험과 인성(태도)을 본다고 답한 CEO가 70%를 넘는 것으로 나타났다. 여기서 직무 관련성은 이미 지난 시간의 결과물이므로 전공이 다르거나 관련 경험(인턴 등)이 없거나 자격증이 없는 지원자는 다른 부분 즉, 인성과 태도 면에서 자신의 매력을 어필해야 한다. 신입사원이 가져야 하는 마음가짐이 바로 인성과 태도인데 WORST 답변처럼 제일 먼저 출근하고 제일 늦게 퇴근하겠다, 선배나 상사에게 먼저 다가가겠다는 답변은 많은 지원자들이 흔히 쓰는 답변으로, 너무 피상적이고 알맹이가 없는 느낌이라 말만 앞세우는 지원자는 아닌지 의구심이 든다. 한편, 면접 현장에서 감지되는 특이 사항으로 언변이 화려하거나 톡톡 튀는 개성파 인재들은 면접관들이 오히려 부담스러워하는 것으로 나타났다. 매끄럽게 말하기 위해 토씨 하나 틀리지 않고 자기소개를 외워오거나 진정성 없는 미사여구를 동원한 화려한 입담은 오히려 거부감을 줄 수 있으므로 신입다운 적당한 긴장감을 유지하며 진솔하고 자연스럽게 자기 생각을 말하는 것이 합격 가능성을 높이는 길이다.

Q87

개인과 조직의 목표가 부합하지 않는다면 어떻게 하겠습니까?

개인은 조직의 일원이며 더 큰 성장을 위해 조직의 목표를 따르는 것이 맞다고 생각합니다. 물론 둘의 목표를 일치시키는 과정에서 조직은 개인의 목표를 보듬을 수 있어야 하고 이를 실천하기 위해서는 개인이 자발적으로 조직의 목표에 동참할 수 있도록 동기부여를 끌어낼 수 있는 지원과 조력이 필요하다고 생각합니다.

Worst

저는 조직의 목표를 따르겠습니다. 조직이 있어야 개인도 있고 회사가 성공해야 개인도 성공할 수 있다고 생각합니다. 개인의 의견을 일일이 들어주다 보면 배가 산으로 갈 공산이 큽니다. 따라서 일부 개인의 희생을 감수하더라도 조직의 목표가 우선되어야 한다고 생각합니다.

Advice

높은 효율로 더 큰 성과를 이루기 위해서는 개인과 조직의 목표가 일치하는 것이 중요한데 현실적으로 둘의 목표를 일치시키는 것은 어려운 일이다. 이런 경우 대개 조직의 목표에 개인이 맞추는 것이 보편적인데 일방적으로 조직의 목표에 맞출 것을 강요하기보다 개인의 자발적인 참여가 가능하도록 지원과 조력을 통해 동기부여 하는 것이 바람직하다. BEST, WORST 답변 모두 조직의 목표에 따르겠다고 답변하고 있으나 BEST 답변은 개인의 목표를 어떻게 취합하고 동참을 끌어낼지에 대한 고려가 있어 면접관의 공감을 얻고 있다. WORST 답변은 개인의 희생을 불사하며 무조건적인 동참을 부르짖고 있지만, 답변 내용이 다소 권위적이고 강압적으로 느껴져 21세기 조직 문화에는 맞지 않는 답변이다.

마무리하며

최근 저는 여러분과 진한 동질감을 느끼는 경험을 했습니다. 영역을 확장해 활동하기 위해 평소 저의 전문 분야가 아닌 다른 분야에 도전했고 운 좋게 서류전형에 합격해 면접도 보았습니다. 지원서를 쓰면서 자격요건에 맞는지, 증빙서류 빠트린 건 없는지, 날짜를 잘못 기재하지는 않았는지 마감일까지 확인 또 확인하면서 마음을 졸였던 기억이 납니다.

지금까지 20년 넘게 면접관으로 활동하면서 크고 작은 도전을 했지만 이번처럼 떨리고 긴장된 적이 없었는데 이유를 생각해보니 이번만큼 간절하고 또 열심히 준비했던 적이 없었기 때문인 것 같습니다. 저의 도전은 여러분에 비하면 그 무게감이 비교도 안 되겠지만 여러분의 마음에 진정으로 공감하게 된 도전이기도 해서 저에게는 참으로 특별한 기억으로 남아 있습니다.

책을 쓰면서 뭉뚱그려 구직자가 아닌, 여러분 한 사람 한 사람의 개인 코치가 되고자 하는 마음을 담았습니다. 지면의 한계로 그것이 오롯이 전달되지 못한 아쉬움은 있지만, 책을 읽으면서 아버지와 함께 인생길을 걷는 것 같은 든든함을, 어머니와 맞잡은 손의 한없이 보드라운 솜털이 감싸는 포근함을 느꼈으면 하는 바람입니다.

옛날부터 자신의 힘으로 생계를 책임질 수 있으면 어른으로 분류하고 어른 대접을 해 주었습니다. 그래서 회사원 즉, 사회인이 된다는 것은 진정한 의미의 어른이 된다는 뜻이기도 합니다. 이제 여러분은 본격적인 어른이 되기 직전의 관문 앞에 서 있습니다.

취업시장이 전쟁터가 됐다고 해서 그것을 있는 그대로 받아들이고 낙담할 필요는 없습니다. 그러므로 취업 공포를 조금이라도 덜어내기 위해서는 이 세상을 아버지와 함께 하는 든든함으로, 어머니와 함께하는 포근함으로 채울 필요가 있습니다.

이 책이, 제가 여러분에게 그런 존재였으면 하는 바람입니다.
올 한해도 열심히 달려갈 여러분을 응원합니다.

안미영